AF296946

ADRESSE

PRÉSENTÉE

A L'ASSEMBLÉE NATIONALE

Par le Club des Amis de la Conſtitution
établi à Niſmes.

Du 28 Septembre 1790.

ADRESSE

PRÉSENTÉE

A L'ASSEMBLÉE NATIONALE

*Par le Club des Amis de la Conſtitution , établi
à Niſmes.*

Du 28 Septembre 1790.

MESSIEURS,

ACCABLÉ des déſordres & des malheurs dont il
avoit été le témoin, mais que ſa vigilance & ſa
fermeté n'avoient pu prévenir, le Club des Amis
de la Conſtitution, attendoit en ſilence & avec une
confiance reſpectueuſe votre jugement ſur des Magiſtrats coupables ; lorſqu'il a vu ſe répandre dans
le public, une Adreſſe à l'Aſſemblée Nationale,
faite au nom de MM. Duroure, Razoux, Ferrand
Demiſſol, Pontier, Fornier & Grelleau, Officiers

A 2

Municipaux , & Boyer , Subſtitut du procureur de la Commune de Niſmes , ouvrage de l'impoſture , où les principes de ceux qui compoſent cette aſſociation de Citoyens ſont calomniés , où leurs projets ſont rendus odieux , où enfin , tous les faits ſont faux ou dénaturés.

L'indignation & le mépris ont été nos premiers ſentimens ; mais réfléchiſſant que des Magiſtrats , quelque coupables qu'ils ſoient , peuvent avoir encore par leur caractère , quand la loi ne les a pas frappés , une grande influence ſur les eſprits , perſuadés qu'ils veulent réveiller des animoſités aſſoupies ; comptables envers nos Concitoyens , cités devant l'opinion publique , nous avons réſolu de répondre par des faits légalement conſtatés à ces fauſſes imputations. Incertains cependant , Meſſieurs , de l'effet que ces allégations peuvent produire ſur l'Aſſemblée Nationale , nous croyons devoir les repouſſer auprès d'elle ; nous nous empreſſons , en invoquant ſa juſtice & ſa ſageſſe , de démentir un expoſé calomnieux & perfide : nous déclarons donc que tous les faits dont nous vous avons rendu compte ſont vrais ; que tous ceux énoncés dans la défenſe des Officiers Municipaux ſont faux ou dénaturés. Nous nous ſoumettons à en fournir la preuve , & nous appelons ſur nous la ſévérité des lois , ſi nous ſommes des impoſteurs.

Le Directoire du Département du Gard , ſi digne de la confiance des peuples ſoumis à ſon adminiſtration , vous a préſenté le 25 de ce mois , une Adreſſe qui ſuffiroit pour nous juſtifier & pour démontrer la fauſſeté de cet écrit. Mais nous devons à la France entière , à nous-mêmes , au Tribunal ſuprême qui va prononcer , notre déclaration formelle ; & puiſque nous ſommes accuſés d'être les moteurs des troubles , nous joignons nos inſtances à celles des Adminiſtrateurs , pour preſſer une déciſion dont dépend le repos de la Ville. Qu'un Décret émané des Repréſentans de la Nation , flétriſſe à jamais , ou les Citoyens qui les ont trompés , ou les Magiſtrats qui ont toléré & fomenté les déſordres ; les Magiſtrats qui , tenant leurs pouvoirs de la Conſtitution , ont ſervi les trames qu'on ourdiſſoit contr'elle ; les Magiſtrats qui , loin de ſeconder les corps adminiſtratifs , cherchent à exciter les haines & le fanatiſme , & qui n'eſpèrent échapper à la main ſévère de la loi , qu'en prolongeant le trouble & l'anarchie.

Nous vous en conjurons , au nom de notre malheureuſe Ville ; fixez , Meſſieurs , par votre jugement l'opinion publique qui , égarée par des récits trompeurs , flotte au gré des paſſions & des préjugés ; vous ſeuls exercez une empire ſur elle ; vous ſeuls connoiſſez la vérité & pouvez la perſuader ; vous ſeuls devez éclairer les peuples ſur les intentions des Citoyens qui ſoutiennent la Conſtitution , & ſur celles des dépoſitaires de l'autorité qui la trahiſſent.

RÉPONSE

DU CLUB

DES AMIS DE LA CONSTITUTION

ÉTABLI à Nismes, aux faits allégués par six Officiers Municipaux de la même Ville, & le Sieur BOYER, Substitut du Procureur de la Commune, dans l'Adresse qu'ils ont présentée à l'Assemblée Nationale. (*)

———

NOUS avons contracté envers l'Assemblée Nationale, l'engagement solemnel de répondre *par des faits légalement constatés*, aux allégations hasardées dans l'Adresse que les Officiers Municipaux de Nismes lui ont présentée. Pour réfuter cet écrit

———

(*) Tout ce qui est en lettres italiques & marqué par des guillemets, est copié sur l'Adresse des Officiers Municipaux.

avec plus de force & de précifion, nous en tranf-
crirons fucceffivement les divers paragraphes ; la
vérité doit être fimple & calme ; feule, elle nous
fervira de défenfe.

Nous obferverons qu'il a paru deux éditions différentes de cette Adreffe.

La première, imprimée à Paris, chez Valleyr e,
rue vieille Bouclerie, fous le nom de fept Officiers
Municipaux, eft celle que nous fuivrons littérale-
ment. La feconde, fous le titre d'Adreffe faite au
nom des Officiers Municipaux de la Commune de
Nifmes, portant le nom du même Imprimeur,
préfente des différences effentielles que nous ferons
fucceffivement connoître. Cette dernière édition a
été diftribuée à Nifmes par le fieur Fernel, Libraire,
l'un des Commiffaires de la Délibération des Pénitens, mandé, comme tel, à la Barre de l'Affemblée
Nationale. Dans la première, M. Boyer, n'a parlé
qu'au nom de ceux dont il tenoit des pouvoirs ;
dans la feconde, deftinée à être répandue dans ces
Contrées, on a voulu perfuader que cette Adreffe
étoit l'ouvrage de tous les Officiers Municipaux (A).

« Les fouffignés Officiers Municipaux de Nifmes,
» douloureufement affectés des malheurs qui ont
» affligé leur Patrie, & des bruits calomnieux qu'on
» a répandus fur leur compte, fupplient l'Affemblée

(A) Le Club a fait donner un acte aux Officiers Municipaux, qui n'ont pas figné les pouvoirs de M. Boyer,
pour les fommer de déclarer s'ils approuvoient l'ouvrage
dans les deux éditions. Voyez l'acte fous N°. 1. des pièces
juftificatives. Les Officiers Municipaux n'ont rien répondu
à cet acte, mais ils ont pris une délibération où ils dé-
noncent à l'Affemblée Nationale celui qui a agi au nom
du Club, & où ils adhèrent à l'Adreffe de M. Boyer.

» Nationale de vouloir bien écouter leurs juſtes
» réclamations ».

Dans l'édition diſtribuée à Niſmes , on a ſuppri-
mé le mot *ſouſſignés*. Si nous prouvons qu'ils auroient pu prévenir les malheurs dont ils ſe diſent
affectés , croira-t-on que leur douleur ſoit ſincère ,
& que leurs réclamations ſoient juſtes ?

« Toujours religieux obſervateurs de leurs ſer-
» mens, toujours inviolablement attachés à la Conſ-
» titution , avec quelle inquiétude n'ont-ils pas dû
» voir qu'on cherchoit à les rendre odieux à la
» France entière ! Cependant leur conduite patrio-
» tique ſembloit les mettre à l'abri de toute imputa-
» tion injurieuſe ; mais que ne peuvent pas l'intri-
» gue , la vengeance & l'ambition déçue ! »

Cette dernière phraſe exige que nous rappellions
comment la Municipalité a été élue & compoſée.

Dès le 8 Décembre 1789 , il y eut une Aſſemblée nocturne dans l'Egliſe des Pénitens Blancs. Un
Prêtre , Vicaire-Général de M. l'Evêque de Niſmes
y propoſa , & fit accepter les perſonnes qu'il déſi-
gna pour être Préſident , Secrétaires & Scrutateurs
dans les différentes Aſſemblées primaires. Ce fait eſt
prouvé par la dépoſition de deux témoins , dont l'un eſt
M. de Rochemore grand Archidiacre. Le même mois,
il y eut une autre Aſſemblée nocturne chez un ec-
cléſiaſtique ; elle étoit compoſée , entre autres perſonnes , de MM. Vidal , (depuis procureur de la
Commune) , Froment , Folacher , Vigne , Michel,
(depuis Commiſſaires de la Délibération des Péni-
nitens) , l'Abbé Lapierre , Cambacerés , Durand ,
(depuis Notables) : on s'y fixa ſur les moyens à
prendre pour compoſer la Municipalité , & en
exclure les non-Catholiques.

Le moment des élections arrivé , les liſtes furent

fabriquées chez MM. l'Abbé Lapierre, l'Abbé Cabanel & Michel, Confeiller au Préfidial. Ces liftes furent diftribuées avec profufion ; plufieurs témoins dépofent qu'on donna de l'argent à ceux qui devoient en faire ufage ; que les Curés de Rodilhan, de Courbeffac & de Bouillargues, Villages de la Banlieue de Nifmes, excitèrent avec ardeur leurs Paroiffiens à faire ufage de ces liftes (B), & l'on fait que les noms qu'elles portoient, font ceux des perfonnes qui compofent aujourd'hui toute la Municipalité (C).

Il faut convènir, pour l'honneur de la vérité, que tous les amis des principes de la Conftitution, éffrayés des conféquences que pouvoient avoir ces manœuvres, effayèrent vainement d'en empêcher l'effet par leur réunion ; mais il feroit aifé de prouver par le réfultat du récenfement général fait à l'Hôtel-de-Ville, que les perfonnes qui avoient fixé leur choix, méritoient l'approbation publique, & que fans s'arrêter à la différence des opinions religieufes, ils fe propofoient d'élire indiftinctement ceux de leurs Concitoyens le plus fidellement attachés à la Conftitution.

Les Officiers Municipaux ent feuls employé l'intrigue ; la réfiftance néceffaire aux abus de leur autorité a excité leur vengeance, & quand ils parlent d'ambition déçue ; fous quels rapports, voyent-ils des fonctions qui doivent affurer la paix & le bonheur des Citoyens, s'ils y attachent une idée de vanité & de pouvoir ?

(B) Voyez une lettre écrite par M. Madon, Curé de Bouillargues, fous le Nº. 2 des pièces juftificatives.

(C) Le nom de M. Vincens-Valz, Officier Municipal, fait feul exception.

« Vainement ils ont fait obferver avec une fcru-
» puleufe exactitude , & dès l'inftant qu'ils ont
» paru , tous les Décrets de l'Affemblée Nationale ».

L'édition diftribuée à Nifmes porte : & dès *l'inf-*
tant qu'ils l'ont pu , au lieu de : *dès l'inftant qu'ils*
ont paru. Cette première phrafe qui pouvoit être
dite à Paris , n'eut pas été foutenable dans les lieux
où la conduite de la Municipalité eft connue. Voici
quelques exemples de la manière dont elle a exécuté
les Décrets.

A-t-elle exécuté toutes les parties des Décrets
relatifs à la contribution patriotique ?

A-t-elle ouvert les regiftres pour l'infcription civique des jeunes gens de 21 ans?

A-t-elle veillé avec foin à la confervation des
Forêts ?

A-t-elle fait avec exactitude l'inventaire des mai-
fons religieufes ? &c....

» Vainement ils ont offert une forte contribution
» patriotique ».

On lit dans l'édition diftribuée à Nifmes , leur
contribution , au lieu , *d'une forte contribution.*

On verra , en effet , par la lecture de la pièce
juftificative , fous N° 3 , qu'il étoit convenable de
retrancher le mot *forte.* Cette pièce eft un extrait
en forme , où l'on a rapproché le montant de la
contribution patriotique de chaque Membre de la
Municipalité , de celui de fes impofitions , avec la
date de la foumiffion à la contribution patriotique.
Plufieurs de ces foumiffions font au-deffous du montant des impofitions que payent ceux qui les ont
faites.

« Ils ont fait une foumiffion de trois millions (1)

____

(1) *Vid.* l'Extrait de la Délibération prife le 22 Mai 1790.

» pour l'acquifition des biens nationaux ; vainement
» ils ont voulu favorifer par un nouvel établiffe-
» ment (1) la circulation des affignats ».

La Municipalité prit, en effet, une Délibération
le 22 Mai fur le premier de ces objets, & le 24
Mai fur le fecond ; mais qui ne fait comment fut
reçue à l'Affemblée Nationale la Délibération pour
l'acquifition des biens nationaux ; elle fut prife le 22
Mai, c'eft-à-dire, peu après les troubles qui avoient
affligé Nifmes, après le Décret du onze Mai,
qui mandoit le Maire à la Barre de l'Affemblée Nationale ; plus d'un mois après le Décret rendu fur
les affignats ; enfin, après que la plupart des Municipalités du Royaume avoient déjà fait connoître
leur vœu à cet égard. Auffi cette démarche tardive
& imprévue excita-t-elle le dédain de l'Affemblée Nationale. D'ailleurs, la Municipalité a bien fait l'offre
vague d'acquérir pour trois millions de domaines nationaux, mais elle n'y a donné aucune fuite ; elle
n'a point fait de foumiffion précife avec défignation
de tels ou tels biens ; elle n'a fait aucune démarche
pour l'exécution de fon offre, de manière qu'il eft
impoffible de lui vendre le moindre Domaine ; elle
a voulu paroître au nombre des Municipalités patriotes, qui offroient d'acquérir des biens nationaux,
mais elle n'a point voulu en acheter.

Quant à l'établiffement d'une caiffe pour la circulation des affignats, il avoit été fi peu combiné
pour le bien public, que l'Affemblée Nationale le
jugea inutile & inexécutable.

« Vainement ils font parvenus à exécuter, fans au-
» cun trouble, malgré les efforts de quelques mal-

---

(1) *Vid.* l'Extrait de la Délibération prife le 24 Mai
fuivant.

» veillans, l'inventaire des maisons religieuses en
» grand nombre à Nismes ».

L'inventaire des maisons religieuses fut commencé
le 5 Mai, au moment où les troubles des 2 & 3
étoient à peine apaisés. On voit affez l'inconvenance
de cette opération dans un pareil moment. Mais
quels étoient donc ces malveillans qui s'oppofoient à
l'inventaire des Eglifes ? Ce ne peut pas être les
malveillans prétendus que la Municipalité cher-
che à inculper dans fon écrit. N'y reconnoît-on pas
plutôt ceux dont nous nous plaignons nous-mêmes;
& ne voit-on pas dans leur conduite, à cette époque,
la même marche qu'ont tenu dans plufieurs Villes
les ennemis de la Conftitution animés d'un zèle fa-
natique : d'ailleurs ces inventaires ont été faits fi lé-
gérement par la Municipalité, que le Directoire du
Diftrict de Nifmes eft obligé de les refaire aujour-
d'hui, & le produit en eft bien différent (A).

« Rien n'a pu fermer la bouche à leurs détrac-
» teurs, qui bravant jufqu'à la honte que doit faire
» naître un démenti fondé fur des faits & des pièces
» authentiques, n'ont pas craint de publier, que des
» fentimens anti-patriotiques animoient la Munici-
» palité de Nifmes, tandis qu'elle donnoit les plus
» fortes preuves du patriotifme le plus pur ».

Il nous eft permis fans doute d'après les faits que
nous avons avancés de dire à la Municipalité, en nous
fervant de fes propres phrafes, que *bravant la honte*

(A) La Bibliothéque des Capucins contient 3000 vo-
lumes, ils n'avoient noté que 2000, fans défignation des
ouvrages. Aux Bénédictins dont la maifon étoit un hof-
pice, ils n'avoient noté aucun meuble, & ils avoient omis
un oftenfoir d'un haut prix & d'un travail précieux.

*que doit faire naître un démenti fondé sur des faits
& sur des pièces authentiques*, c'est elle *qui ne
rougit pas* qu'on lui prouve qu'elle n'a jamais été
animée d'aucun *sentiment patriotique*.

« A peine cette Municipalité fut elle installée ,
» qu'on vit s'établir une société , dont les Chefs irri-
» tés de n'avoir pu parvenir malgré leurs intrigues
» aux charges municipales , publioient de tout côté
» que le but de leur institution étoit , non-seulement
» de surveiller , mais encore de contrarier les opéra-
» tions des représentans de la Commune ».

Le Club de Nismes se forma dans le même temps
que de pareilles sociétés s'établirent dans les principales Villes du Royaume ; celle de Montpellier venoit de lui en donner l'exemple : tous les bons Citoyens savoient trop bien à quoi la loi les obligeoit
envers des Magistrats élus par le peuple , pour vouloir les contrarier s'ils ne s'écartoient pas des Décrets ;
& le but de l'institution du Club, est consigné dans
ses règlemens qui furent alors imprimés : on trouvera
sous le N°. 4, des pièces justificatives , une partie
du préambule de ces règlemens que tous les Membres du Club ont signé.

La Municipalité fait un reproche à la société pa-
triotique , de s'être formée peu après son installation.
Faut-il lui rappeler les motifs qui déterminèrent les
Citoyens à se réunir : en voici quelques-uns.

Une partie de la Compagnie de M. Froment avoit
paru le jour de l'installation de la Municipalité , armée de fourches , malgré la défense expresse du
Colonel de la Légion. Cette désobéissance causa dans
la garde nationale , une fermentation qui faillit à de-
venir dangereuse : M. du Cailar, Lieutenant de Roi
de Nismes , & Colonel de la Légion , fut insulté par
cette Compagnie & par le sieur Froment lui-même,

la Municipalité ferma les yeux ſur cette conduite repréhenſible, & l'on ne ſait ce qui feroit arrivé, ſi M. du Cailar eut inſiſté ſur le déſir qu'il avoit d'abord manifeſté de donner ſa démiſſion.

C'eſt à cette époque qu'il faut rapporter des placards ſcandaleux & fanatiques que la Municipalité ne voulut point connaître, quoiqu'ils euſſent indigné tous les bons citoyens.

C'eſt encore à cette époque que ſe rapportent divers attroupemens qui occaſionèrent les aſſaſſinats de Pourcher, de Ribes, d'Allien, & peu de jours après de Maury; aſſaſſinats qui exigèrent la plus ſévère attention du miniſtère public, qui en acquit les preuves, & que la Municipalité a toujours affecté d'ignorer, qu'elle a même oſé nier à la France entière, dans ſa Délibération du 22 Avril. Falloit-il attendre des motifs plus preſſans pour ſe réunir?

» En effet, ils n'oublioient rien, pour les in-
» quiéter. Ils faiſaient pétitions ſur pétitions.

Le Club n'a fait que trois pétitions.

La première ſur le règlement proviſoire de la Municipalité concernant la Légion Nîmoiſe.

La ſeconde pour exciter ſa vigilance ſur les commencemens effrayans des diviſions, & pour dénoncer des libelles, & les cocardes blanches.

La troiſième pour dénoncer les cocardes noires & les fourches.

On trouvera ces trois pétitions ſous les Nos. 5, 6, & 7 des pièces juſtificatives : nous joindrons ici quelques obſervations.

Sur la première, le Club n'obtint point de ſurſis, & bientôt cependant le décret de l'Aſſemblée Nationale du 30 avril prouva que ſa demande étoit bien fondée.

Sur la seconde, elle ne fit point de proclamation : mais le 4 Mai, lorsque les troubles furent finis, elle fit afficher une proclamation sur
la chasse, en date du 29 Avril, qui répondoit
indirectement aux demandes du Club sur les cocardes blanches, quand il n'étoit plus temps.

Le Club avoit fait la troisième dans une bonne
intention, mais peut-être avec un peu trop de
précipitation : il avoit craint de voir se renouve-
ler les troubles, dont il venoit d'être témoin. La
Municipalité s'empressa cette fois de répondre sur
la partie des cocardes seulement, pour en avoir
occasion d'inculper le Club, comme elle a fait
depuis : cette inculpation dénuée de fondement,
est d'ailleurs sans force, puisque le membre du
Club qui avoit fait cette démarche & cette dénonciation par un vif intérêt pour la paix publique, est M. Aubary, Catholique : on trouvera
sous le N°. 8 des pièces justificatives, l'explica-
tion qu'il donne lui-même de ce fait.

Comment la Municipalité se justifiera-t-elle du
motif qui lui fit livrer promptement à l'impression
cette troisième pétition avec les noms de tous
ceux qui l'avoient signée ? ne voit-on pas dans
cette démarche l'intention d'indiquer à la multitude ignorante ceux qu'elle lui présentoit dans ses
délibérations comme ses ennemis ?

« Ils tenoient en sentinelle depuis le matin jus-
» qu'au soir, deux Commissaires dans le Greffe de
» la Maison-Commune, lesquels s'emparant des
» Regîtres ou pour les compulser, ou pour en
» faire des extraits, mettoient souvent les Officiers
» Municipaux dans le cas de les attendre. »

Nous ne pouvons mieux répondre à cette allégation que par l'acte authentique dans lequel le Sr.
Berdincq,

Berdincq, Greffier de la Municipalité la défavoue comme calomnieuſe. Cet acte ſe trouve ſous le N°. 9 des pièces juſtificatives.

Les Citoyens qui ſavent uſer de leurs droits avec courage , n'oublient jamais ce qu'ils doivent aux Magiſtrats dans leurs fonctions.

« Ce n'eſt pas tout encore : on les décrioit,
» mais inutilement, auprès du peuple dont on ne
» faiſoit par-là qu'accroître la confiance ; on les
» calomnioit auprès des ſoldats ; on ſuſcitoit contre
» eux des cabales & des émeutes ; & lorſque dans
» celle du mois de Mai, certains malveillans exci-
» toient les ſoldats à verſer le ſang de leurs Conci-
» toyens , un autre crioit près de l'Hôtel-de-Ville :
» *c'eſt le moment de couper la tête de M. le Baron*
» *de Marguerittes , Maire.*

On ne peut trouver de prétendue preuve de pareils faits que dans le procès-verbal , ſeul titre ſur lequel les Officiers Municipaux ſe fondent pour ces allégations.

Ce procès-verbal eſt leur propre ouvrage ; M. l'Abbé de Belmont, l'un d'eux, qui prit la fuite dès le 13 Juin au ſoir, en eſt l'auteur. Les princi-paux témoins qui y jouent un rôle ſont , pour la plupart , des ſignataires de la Délibération des Pénitens, ou des Volontaires ſervant dans les Compagnies à houppes rouges , ou des perſonnes connues par des aventures peu honorables. Enfin la Municipalité croit ſi peu que ſon procès-verbal , en audition de témoins , puiſſe être légal , que c'eſt ſur les faits qui y ſont contenus qu'elle a demandé enſuite au Procureur du Roi d'informer.

On nous cite ſans preuve un propos infame tenu par , on ne ſait quel Citoyen : celui tenu par le le Maire chez le Juge-Mage de Niſmes , eſt atteſté par des Citoyens dignes de foi : M. Pieyre, auteur de l'école des Pères, David, Mazel, & l'Abbé de Vallongue (D).

» Ils répandoient en Province, & fur-tout à » Paris, des libelles incendiaires contre la Muni- » cipalité (1). »

Les premiers des prétendus libelles cités en note dans l'écrit des Officiers Municipaux ne font point l'ouvrage du Club. Il n'a fait paroître que l'ouvrage intitulé : *Vérités hiftoriques fur les événemens arri- vés à Nifines le 13 Juin & les jours fuivans.* Cet ouvrage n'eft point un libelle, on peut s'en con- vaincre en le lifant : les Officiers Municipaux n'ont pas rougi de ranger fous cette dénomination le récit des événemens arrivés à Nifmes, rédigé par l'Affemblée adminiftrative du Département du Gard : nous les renvoyons à l'Adreffe du Directoire de ce Département préfentée à l'Affemblée Nationale le

---

(D) Le foir du 4 Mai, jour de la publication de la loi martiale, le Maire étant chez le Juge-Mage, on lui témoignoit les craintes qu'on avoit eues pour lui, » fi j'avois » reçu la moindre égratignure, dit-il, cent des plus riches & » des plus notables auroient péri ». Et fur l'obfervation qui lui fut faite, que dans une guerre générale *il auroit péri mille Citoyens*, il répliqua : » non. Je vous dis cent des plus » riches ».

(1) Telles font différentes adreffes du *Club* des prétendus *Amis de la Conftitution ; le nouveau complot découvert ; le précis hiftorique fur les défordres arrivés à Nifmes ; la victoire remportée par les patriotes de la Ville de Nifmes fur les foi- difans Catholiques ; le détail exact des affaffinats & des cruautés commis par les foi-difans Catholiques de la Ville de Nifmes envers les Amis de la Conftitution ; le récit des événemens arrivés à Nif- mes les 13, 14, 15, 16 & 17 Juin 1790 ; les vérités hiftori ques fur les événemens arrivés à Nifmes le 13 de Juin & les jours fui- vans, publiées par le Club des prétendus Amis de la Conftitution.*

25 Septembre ; ils y verront leur impofture dé-
noncée.

Cette Adreffe eft fous le N°. 10 des pièces juftificatives.

« Ils difoient , ils publioient qu'ils ne feroient
» contens que quand elle feroit deftituée , & ils
» employoient contre elle des intrigues , des ma-
» chinations affreufes. Ainfi on la calomnioit four-
» dement dans une correfpondance avec les Clubs
» du Royaume ».

Ces allégations font fauffes. Des plaintes juftes &
hautement prononcées dans des Mémoires imprimés , ne peuvent être appelées de fourdes calom-
nies.

« Ainfi on faifoit arracher la cocarde blanche à
» des gens qui n'en avoient jamais porté d'autres ,
» parce que cette cocarde avoit été dès le principe
» en Novembre 1788 le fignal du patriotifme &
» de la liberté ; (fait attefté par foixante Officiers
» de la Légion ;) ainfi un Membre du Club in-
» ventoit & faifoit fabriquer des cocardes noires
» furmontées d'une croix blanche pour avoir lieu
» d'accufer les Catholiques de vouloir renouvel-
» ler les croifades ; ainfi on déclamoit avec fureur
» contre un Capitaine de la Légion qui avoit donné
» quelques fourches aux Soldats de fa Compagnie
» dépourvus d'armes , tandis que d'un autre côté
» on en commandoit par centaines , de même que
» de longues cartouches de fer-blanc au bout def-
» quelles étoient foudées des balles meurtrières.

S'il exifte des dépofitions , à l'appui de ces inculpations , elles ne peuvent fe trouver que dans le
Procès-verbal de la Municipalité que nous avons déjà
cité , & dont elle s'eft conftamment refufée à donner connoiffance à ceux contre lefquels il eft dirigé.

Cependant nous pouvons aſſurer qu'à l'époque
du mois, de Juillet 1789 , toutes les Compagnies
arborèrent la cocarde nationale ; que quelques Volontaires pour leur commodité en adoptèrent enſuite
ſans intention de ruban noir , ou de bazin blanc ;
mais les cocardes noires ayant occaſionné une eſpèce
d'émeute à Paris , les Chefs de la Légion Nîmoiſe
donnèrent des ordres pour qu'on n'eût à porter que
des cocardes à trois couleurs. Ces cocardes furent
en effet généralement admiſes juſqu'à la fin du mois
d'Avril 1790 , où l'on vit des Capitaines de certaines Compagnies quitter avec affectation la cocarde
nationale pour lui ſubſtituer une large cocarde de
ruban blanc.

Tout le monde ſait qu'au mois de Novembre
1788 il n'y avoit point de Garde nationale , &
qu'il n'exiſtoit point de cauſe générale de porter la
cocarde.

Quant aux cocardes noires ſurmontées d'une
croix , nous avons précédemment expliqué ce qui
peut avoir donné lieu à cette fauſſe allégation.

Enfin , on obſervera que le ſieur Larnac , cité
par les Officiers Municipaux pour avoir fait faire
des cartouches meurtrières , n'eſt pas membre du
du Club , qu'il n'a jamais convenu du fait qu'on lui
impute ; que ce fait ne doit être conſigné que dans
le Procès-verbal de la Municipalité , & que le tort
d'un particulier (ſi c'en eſt un) ne peut être un
motif de blâme pour ſes Concitoyens , ni être comparé par des Magiſtrats au tort d'un Capitaine &
d'une Compagnie qui s'arment de fourches malgré
les défenſes d'un Commandant.

» Ainſi , lors de l'Aſſemblée électorale , on cir-
» convint les Electeurs , on calomnia auprès d'eux
» les Repréſentans de la Commune , parce qu'ils

» avoient prévu & prévenu de funestes complots ,
» & on poussa l'animosité jusqu'au point de les in-
» sulter en pleine assemblée.

Qu'il nous soit permis de nous recrier ici sur l'in-
décence de cette inculpation. Qui croira que trois
cens soixante Electeurs d'un grand Département se
soient laissés circonvenir, & qu'ils aient pu partager
sans intérêt l'animosité qu'on nous suppose ?

Ce n'est pas à nous, au reste, à justifier l'Assemblée Electorale. Observons seulement que ce n'est
pas sans fondement qu'elle témoigna son mécontentement contre la Municipalité , puisque cette Municipalité ayant fait cesser les précautions qui jusques-là
avoient garanti les Electeurs de tout excès , un
d'entre eux fut insulté , en porta ses plaintes à
l'Assemblée , & ne reçut pour toute réponse du Procureur de la Commune , que ces mots : *ce n'est pas
comme Electeur que vous avez été insulté , mais
comme particulier.*

On sait que ce même Procureur de la Commune , jusqu'à la veille des élections , parcouroit les
Communautés du Département, voisines du Rhône ,
cherchant envain à se rendre maitre des suffrages
pour le choix des Administrateurs.

» Ainsi on engagea le District de Sommières à
» former un camp lors de la tenue de cette assem-
» blée. »

Il est absolument faux que le Club ait engagé le
District de Sommières à former un camp ; il seroit
au contraire facile de prouver que quelques-uns de
ses Membres , consultés sur ce projet , ne le crurent point nécessaire. La Municipalité , en forçant
le District de Sommières à y renoncer, par la manière odieuse dont elle affecta de considérer cette
précaution, ne mérite-t-elle pas le juste reproche de.

B 3

s'être oppofée à un moyen fage d'en impofer aux malveillans. Pour faire connoître les principes de la Municipalité de Nifmes & l'engagement qu'elle avoit contracté, les délibérations prifes fur cet objet par les Municipalités de Sommières & de Nifmes, fe trouveront fous le Nº. 11 des pièces juftificatives.

» Ainfi les Dragons de la Garde Nationale, pref-
» que tous Membres du Club, répondirent à quel-
» ques propos inconfidérés en faifant'une décharge ; &
» c'eft par-là que commencèrent les fcènes de fang,
» de carnage & d'horreur du mois de Juin dernier.

L'édition répandue à Nifmes, porte cette variante :

Ainfi les Dragons de la Garde Nationale, prefque tous Membres du Club, fous le prétexte d'un billet qui leur fut apporté par un inconnu, tirèrent quelques coups de fufil ; & c'eft par là que commencèrent les fcènes de fang, de carnage & d'horreur du mois de Juin dernier.

On aperçoit qu'on a voulu rendre à Paris la conduite des agrefleurs moins coupable en fuppri-mant l'incident du billet, qu'il a bien fallu rétablir dans l'édition de Nifmes, où ce fait étoit notoire : nous renvoyons à ce fujet aux détails que nous avons donné dans l'Ouvrage intitulé : *Vérités hiftoriques,* &c.... & qui font confirmés par les dépofitions des 2, 19, 25, 36, 48, 63, 76, 71, 100, 105, 152 & 157e. témoins de l'information.

» Cet acharnement, ces excès réitérés avoient
» fait naître depuis long-temps les plaintes des
» amis de la paix ; ils voyoient avec douleur
» qu'on cherchoit à la troubler ; un grand nom-
»–bre de Citoyens *actifs* (1) s'étoient affemblés le

---

(1) On a affecté de reprocher aux Officiers Municipaux d'avoir fouffert une *Affemblée de Catholiques,* tandis que

» 20 Avril, fuivant la forme prefcrite par les
» décrets, & ils avoient mis fous les yeux de
» la Municipalité une pétition dans laquelle les
» membres du Club étoient dénoncés comme des
» hommes *qui n'ayant que l'hypocrifie du pa-*
» *triotifme, ne tendoient à rien moins qu'à al-*
» *lumer le flambeau de la difcorde & peut être*
» *même celui de la guerre civile.*

On obfervera facilement la perfidie du rapprochement de la première partie de ce paragraphe, avec la dernière de celui qui le précède :
on croiroit d'abord que les prétendus amis de
la paix, ont pu fe plaindre dès le mois, d'Avril
des troubles qui en ont eu lieu au mois) Juin ;
mais ce qui eft plus bizarre, ces Citoyens qui
s'étoient affemblés le 20 Avril, *fuivant la for-*
me prefcrite par les décrets, font ceux qui, le
même jour 20 Avril ont figné la trop fameufe
délibération prife dans l'Eglife des Pénitens Blancs ;
délibération, qui, de l'aveu de la France en-
tire, tendoit *à allumer le flambeau de la difcor-*
de & de la guerre civile : ce font les mêmes
qui dans les verbaux de la Municipalité font
toujours préfentés par elle comme dénonciateurs
ou témoins. De pareils citoyens peuvent-ils être
juges des principes du Club, qui, d'ailleurs,
le 20 Avril n'exiftoit que depuis cinq jours,
& n'avoit préfenté qu'une feule pétition, fur un
réglement inconftitutionnel fait par la Municipalité.

» Des cris d'indignation fe firent alors enten-
» dre de toute part contre une affociation fi fa-

---

dans l'avis donné à la Municipalité, ces Citoyens n'ont pris
que le titre de *Citoyens Actifs*, conformément à l'article 62
du Décret concernant l'organifation des Municipalités.

» tale pour la tranquillité publique. On demandoit inftamment la fuppreffion au moins provifoire de ce Club perturbateur, & le peuple indigné fe feroit porté en foule pour empêcher fes affemblées, fans la vigilance continuelle des Officiers Municipaux qui préfervèrent cette fociété des défagrémens auxquels fut expofée dans la Capitale, & prefque à la même époque, une Affemblée de citoyens, quoiqu'elle eût eu la précaution de fe munir de l'approbation de la Municipalité de Paris.

On ne fait de quel fentiment on eft animé à la lecture de ce paragraphe. Quelle peut être l'intention de ce ridicule rapprochement des prétendues infultes dont le Club fut préfervé, & de celles auxquelles furent expofés certains citoyens de Paris? Veut-on dire que ces deux affemblées, l'une des Amis de la Conftitution de Nifmes, l'autre des ariftocrates de Paris, les plus connus, pouvoient avoir quelque rapport? Cette phrafe n'a point de fens ou elle a celui-ci : M. Bailly, Maire de Paris, *attaché aux principes de la Conftitution*, n'a pas fu préferver d'une infulte populaire, une affemblée d'ariftocrates ; au contraire, M. de Marguerittes, Maire de Nifmes, *éloigné de ces mêmes principes*, a eu la générofité de protéger une affemblée d'Amis de la Conftitution. Au refte, nous obferverons que ni l'un ni l'autre fait ne font exacts ; mais on a de la peine à faifir le rapport qui peut exifter entre ces deux événemens comme entre ces deux Municipalités. Ce qui eft affuré, c'eft que le peuple, foi-difant *indigné*, n'a jamais menacé le Club d'une manière affez effrayante pour inquiéter Meffieurs les Officiers Municipaux. Quelques bruits populaires, quelques honteux placards auroient pu épouvanter les membres du Club , s'ils n'euffent pas eu le courage que donne une bonne confcience ; mais ce qui pouvoit porter bien plus d'atteinte à leur repos , c'eft l'affectation de la Municipalité de les indiquer comme des perturbateurs du repos public , de ne répondre à aucune de leurs petitions , de ne prendre connoiffance des motifs d'aucune de leurs demandes, de ne pas craindre , enfin , de rendre publique une Adreffe du 17 Mai , dans laquelle elle n'a pas rougi d'inférer le paragraphe qu'on lira fous le N°. 12 des pièces juftificatives , contre une affociation qui réunit plus de cent perfonnes , connues la plupart par leur âge refpectable , les vertus de leur famille & l'ufage qu'elles favent faire de leur fortune (A) , contre des perfonnes enfin qui n'ont d'autre tort que d'avoir défiré , par deffus tout , le maintien de la Conftitution.

Il eft affez remarquable d'entendre dans cette Adreffe du 17 Mai, M. Labaulme, Officier Munici-

---

(A) Le Club ne doit pas fe glorifier de fes actions pour le foutien de la Conftitution & la caufe de l'humanité ; mais les odieufes inculpations qu'on lui a faites exigent fans doute qu'il en parle. Les foumiffions volontaires pour la Contribution patriotique ont produit dans la ville de Nifmes environ 500 mille livres , celles des membres du Club s'élèvent enfemble à 180 mille livres environ. Les Officiers Municipaux ne défavoueront pas ce fait.

Quelques jours après les malheureux événemens des 13 , 14, 15 Juin , le Club ouvrit , parmi fes membres , une foufcription de bienfaifance deftinée à foulager principalement les familles qui avoient fouffert pendant ces jours de calamités. Cette foufcription produifit 8000 liv. Nous faififfons cette occafion pour rendre un hommage public à la fenfibilité & à la générofité de l'Affemblée patriotique de Marfeille qui nous envoya 150 charges de bled , pour les diftribuer de la même manière.

pal , ayant le dévolu , proférer les paroles qu'elle renferme , & de voir enfuite ce même M. Labaulme écrire le 4 Juillet au Club une lettre qu'on trouvera auffi fous le N°. 12 des pièces juftificatives. Nous ofons avancer que dans la lettre , que feul il a figné , fon opinion fur les membres du Club a été plus libre que dans le Confeil général de la Commune.

» Si le Club n'avoit fait que calomnier le Corps
» Municipal , les Magiftrats intègres qui le compo-
» fent , auroient fermé les yeux fur des excès auffi
» impuiffans que repréhenfibles ; mais la conduite
» de plufieurs membres du Club , lors des émeu-
» tes des premiers jours de Mai , des contre-pa-
» trouilles faites de nuit avec des armes chargées ,
» des coups de piftolets tirés fur des groupes au
» millieu defquels les Officiers Municipaux s'effor-
» çoient de mettre la paix , & tant d'autres dé-
» marches infubordonnées dont on trouve les preu-
» ves dans les verbaux dreffés à cette époque
» & depuis long-temps dépofés au Comité des re-
» cherches , forcerent enfin le 17 Mai le Corps
» Municipal à dénoncer ces perturbateurs du repos
» public à l'Affemblée Nationale.

Les faits dont on préfente un aperçu fi rapide dans ce paragraphe ne font confignés d'après l'aveu des Officiers Municipaux que dans le même procès verbal qu'ils ont rédigé , & dans lequel quelques faits ifolés , quelques circonftances peu importantes doivent avoir été préfentés par eux , comme des projets concertés. De ce nombre eft une patrouille faite par un Capitaine de la Garde Nationale autour de fa maifon , & de l'aveu du Colonel de la Légion, & une autre faite de l'ordre du Maire , un jour de fauffe allarme , & à la tête de laquelle le Maire étoit lui-même.

Il est question dans ce paragraphe des démarches insubordonnées, & on trouve par un renvoi cette note.

» Quelque temps après ils mirent le comble à
» cette insubordination, en faisant charger les fusils
» de certaines Compagnies, en présence de la Lé-
» gion assemblée sur l'Esplanade le jour de la Fête-
» Dieu, ce qui fut sur le point d'exciter un in-
» cendie général.

Nous en appelons au témoignage de toutes les personnes qui ont été à la tête de la Légion depuis sa création, pour dire de quel coté s'est manifestée l'insubordination : celle qui éclata en particulier le jour de la Fête-Dieu, & qui faillit couter la vie à M. de Saint-Pons, Major-Commandant de la Légion, est consignée dans le mémoire que ce même M. de Saint-Pons a envoyé aux Députés de la Sénéchauffée de Nismes, avec prière de le mettre sous les yeux de l'Assemblée Nationale. On y voit jouer un rôle principal à MM. Froment, Vigne, Melquion, &c. Commissaires de la délibération des Pénitens.

C'est ici le moment d'observer que ces Commissaires & leurs adhérans sont constamment ceux que la Municipalité prend sous sa protection, avec lesquels elle confond ses intérêts. Parmi plusieurs exemples de la bienveillance dont elle leur a souvent donné des preuves, nous ne présenterons que celui-ci.

On étoit au moment de nommer les Electeurs pour la formation des Corps administratifs, les sieurs Froment & Folacher n'étoient point éligibles ; il entroit dans les vues de la Municipalité de les faire élire : pour y réussir elle leur concéda le 4 Mai des vacans, à la charge seulement d'en payer les tailles: ils furent en effet élus quelques jours après. Sans s'arrêter à développer les moyens par lesquels on eut

pu caſſer cette élection, nous ferons obſerver combien cette conceſſion étoit ridicule dans ces circonſtances.

» Depuis long temps ils avoient intéreſſé à leur
» cauſe le Procureur du Roi au Préſidial de Niſmes.
» celui-ci s'étoit empreſſé de porter plainte, d'après
» la ſimple dénonciation de certaines perſonnes avec
» leſquelles il a des liaiſons intimes, ſur de préten-
» dus délits commis dans le mois d'Avril. Il en fit
» autant ſur une autre dénonciation récriminatoire,
» relative aux troubles du mois de Mai ; & lorſque
„ la Municipalité lui indiqua, par l'entremiſe du
„ Procureur de la Commune, une foule de faits plus
„ graves les uns que les autres ; lorſque celui-ci lui
„ communiqua un extrait de la délibération (1) pri-
„ ſe à ce ſujet par le Conſeil général de la Commu-
„ ne, il n'y eut aucun égard.

» Ce Conſeil craignant que ſi l'on négligeoit de
» pourſuivre cette procèdure, les auteurs des émeu-
» tes du mois de Mai ne demeuraſſent impunis &
» qu'il en reſultât de grands malheurs, chargea le
» Procureur de la Commune de faire un acte (2) au

---

(1) Cette délibération contient les faits les plus graves,
& cependant le Procureur du Roi n'y a point fait attention, quoique le Décret qui renvoie au Préſidial de Niſmes, ordonne d'informer ſur les circonſtances & dépen-
dances.

(2) Il eſt eſſentiel que cet Acte ſoit lu en entier à l'Aſſemblée, parce qu'il a été ſignifié dès le 15 *Mai*, & qu'il contient l'indication de certains témoins à faire entendre ; le
refus conſtant du Procureur du Roi ne ſera pas excuſé ſans
doute par ſon allégation, qu'aux termes de la Déclaration
du Roi du 2 Octobre 1703, les Officiers Municipaux ne
peuvent intenter aucune action, ni commencer aucun procès ſans une autoriſation du Commiſſaire départi dans la
Province, & que la dénonce du Procureur de la Commune
n'étant pas revêtue de la ſanction de M. l'Intendant, elle
eſt illégale, & ne peut produire aucun effet.

» Procureur du Roi pour le fommer de recevoir la
» dénonciation, & lui indiquer les premiers témoins
» à entendre.

» Le croiroit-on ! cet acte fignifié le quinze Mai
» ne produifit aucun effet. Quel parti prendre
» en des circonftances fi critiques? Réclamer la jufti-
» ce & l'autorité du Roi, & c'eft ce que firent les
» repréfentans de la Commune. M. le Garde des
» Sceaux, après avoir mis cette affaire fous les
» yeux du Confeil enjoignit au Procureur du Roi
» de recevoir la dénonciation & demanda au Corps
» Municipal : *vous m'avez envoyé la Délibération*
» *du 17 de ce mois, qui a pour objet de vous*
» *plaindre du refus que fait le Procureur du Roi,*
» *d'inftruire une procédure fur la dénonciation du*
» *Corps Municipal. Je crois, en effet, que fes mo-*
» *tifs de réfiftance ne font pas très-folides. Il ne*
» *me femble pas qu'il puiffe demander l'autorifation*
» *formelle du Commiffaire départi dans la Pro-*
» *vince, ni infifter dans les circonftances préfentes,*
» *fur l'application d'un règlement purement fifcal* ».

« Nouvelle réclamation de la Municipalité au
» commencement du mois de Juin. Le Procureur du
» Roi feint d'obéir : mais fur cent Témoins, il n'en
» fait entendre que deux, & retire fa plainte ».

Nous fommes forcés de le répéter. On ne conçoit
pas comment la Municipalité, ofe encore nier l'exiftence des délits commis dans les mois de Mars &
Avril. Ces délits font prouvés par une procédure faite
fur la plainte du Procureur du Roi. Les Officiers
Municipaux les ignorent fi peu, que trois d'entr'eux
firent des defcentes chez les nommés Pourcher &
Maury, bleffés par des affaffins.

S'il eft une dénonciation récriminatoire, c'eft vé-
ritablement celle que la Municipalité a faite, il ne

faut pour cela que confulter les dates : la plainte que le Procureur du Roi porta fur les événemens du mois de Mai, le fut le 10 ; la Délibération par laquelle la Municipalité charge le Procureur de la Commune de dénoncer, eft du 13, & jamais cette Délibération n'eût été prife, fi l'on n'eût eu connoiffance de la première plainte qu'on avoit intérêt d'arrêter, & fur laquelle vingt Témoins avoient déjà dépofé.

Si les Officiers Municipaux étoient de bonne foi, ils raconteroient les faits relatifs à la conduite du Procureur du Roi, tels qu'ils font, les voici :

Le fieur Vidal, Procureur de la Commune, s'étant rendu chez M. le Procureur du Roi pour faire la dénonciation, celui-ci vouloit exiger, fuivant l'ufage du Tribunal de Nifmes, que le dénonciateur fe rendît expreffément refponfable des fuites de fa dénonciation : le fieur Vidal prétendit, que fa qualité de Procureur de la Commune l'en difpenfoit ; M. le Procureur du Roi demanda alors fi le Confeil-Général de la Commune avoit été autorifé par le Commiffaire départi, comme l'exige la Déclaration du 2 Octobre 1703 : on n'avoit pas cette autorifation : le Procureur du Roi crut donc ne pas pouvoir recevoir la plainte. On lui fait un Acte, il réitère la réponfe qu'il avoit fait, & l'on s'adreffe de part & d'autre à M. le Garde des Sceaux. M. le Garde des Sceaux répondit au Procureur du Roi, que dans les circonftances actuelles, il ne croyoit pas l'autorifation de l'Intendant néceffaire, qu'aux termes de l'art. 7, du titre 3 de l'Ordonnance de 1670, le dénonciateur étoit foumis de plein droit à la garantie, fans qu'il foit befoin d'une claufe expreffe ; que cependant on ne pouvoit fe refufer à voir que, s'il n'avoit pas d'intérêt réel à exiger cette claufe, les Officiers

Municipaux n'en avoient pas non plus à la lui refufer, puifqu'elle n'ajoutoit rien à leur engagement, *ainfi qu'il le leur marquoit par le même Courrier.* Le Procureur du Roi reçut la dénonciation : on lui donna le 8 Juin, la note, non pas de 100 Témoins, comme on a ofé l'avancer, mais feulement de 21, qu'il fit tous affigner dès le 10, après avoir porté fa plainte (1).

La Lettre de M. le Garde des Sceaux, du 28 Mai, décidoit que les Officiers Municipaux demeuroient refponfables de leur dénonciation : ils ont donné un extrait de cette Lettre, & ont gardé le filence fur cette décifion. Ils font plus, ils taifent la Délibération qu'ils prirent le 9 Juin, dans l'intention de fe fouftraire à la garantie à laquelle la loi les foumettoit. Déjà l'information étoit commencée ; deux Témoins avoient été entendûs, lorfque M. le Procureur du Roi, inftruit de cette Délibération, fe vit obligé de fufpendre fes pourfuites, inftruifit M. le Garde des Sceaux des motifs de cette fufpenfion, & le prévint qu'il attendroit fes ordres ultérieurs, pour reprendre les pourfuites. Le filence qu'a gardé jufqu'à ce jour M. le Garde de Sceaux détruit l'inculpation faite par la Municipalité au Procureur du Roi.

Il eft bon d'obferver que dans une note qui fe rapporte à ce paragraphe, on lit :

« Il eft réfulté de ce refus, que plufieurs Témoins » très-effentiels ont péri dans les fatales journées du » mois de Juin, & que plufieurs autres profcrits

---

(1) Voyez la lifte des 21 témoins fignée par le fieur Vidal, & l'exploit d'affignation fait à chacun d'eux. On la trouvera parmi les pièces juftificatives fous le Nº. 13.

» ont été contraints de s'expatrier. Eft-il mainte-
» nant en la puiffance du Procureur du Roi de ré-
» parer le tort qu'il a fait aux Accufés ? »

Aucun des Témoins adminiftrés par M. Vidal,
& dont la note eft parmi les pièces juftificatives,
n'a péri comme on ofe l'avancer, & il n'exifte aucune profcription, qui empêche le petit nombre
qui peuvent être abfents, de fe repréfenter quand
ils voudront.

Tous ces faits font établis par la procédure dont
on a pris connoiffance au Greffe, & on trouvera,
fous le N°. 13, toutes les pièces juftificatives qui y
ont rapport.

» Le motif fecret de cette conduite fe trouve
» peut-être expliqué par le procès-verbal, où plu-
» fieurs témoins déclarent que ce fut dans un jardin
» que le Procureur du Roi garde pour fon amufe-
» ment, que s'affemblèrent en partie ceux qui cau-
» tèrent les émeutes du mois de Mai.

Dans l'édition diftribuée à Nifmes on lit ce même
paragraphe rédigé de la manière fuivante.

» *Le motif fecret de cette conduite, fe trouve*
» *peut-être expliqué par le procès-verbal où plufieurs*
» *témoins défignent le lieu dans lequel s'affem-*
» *blèrent en partie ceux qui caufèrent les émeutes du*
» *mois de Mai, fi on ne l'attribue à l'afcendant qu'a*
» *fur lui un fameux Clubifte qui l'obsède.*

Il eft encore queftion ici de ce procès-verbal. On
voit quelle confiance il mérite, puifque fes auteurs ne
craignent pas de hazarder l'inculpation la plus grave
contre un Magiftrat en la fondant fur une opinion
qui n'eft pas même arrêtée dans leur efprit. Au refte,
le jardin du Procureur du Roi, dont il eft parlé dans
ce paragraphe, n'eft pas à lui, & il ne le garde pas
pour fon amufement, il eft loué depuis le 14 Mai
1789

(33)

1789 à la Demoiselle Lafite épouse du sieur Cruvel-
lier, lequel a pu le sous-louer à une société de
jeunes-gens qui peuvent bien en être sortis sans dessein, au bruit de l'émeute dont le lieu étoit voisin
de ce jardin (F).

» On sait qu'à cette époque la vigilance active
» du Maire & des Officiers Municipaux, rendit
» inutiles les efforts des malveillans, & parvint
» à rapprocher par une heureuse réconciliation les
» partis opposés.

» Les seuls Membres du Club ne purent dissi-
» muler le mécontentement que leur causa cette
» *réunion subite*. Instruits du Verbal dressé par les
» Officiers Municipaux, & des Déclarations mul-
» tipliées qui mettoient leur complot à découvert,
» ils s'assemblèrent & résolurent de dénoncer à
» l'Assemblée Nationale la conduite des Magistrats,
» dont la prévoyante fermeté avoit fait avorter
» leur dessein favori, de dominer par la terreur
» dans les Assemblées primaires qui devoient avoir
» lieu peu de jours après ».

Les Membres du Club le diront hautement :
ils ne purent en effet être contens de cette *réunion
subite* ; & tous les Citoyens honnêtes sentirent bien
que ce feu n'étoit qu'assoupi, & ne pouvoit être
éteint.

Qu'entendent les Officiers Municipaux par cette
heureuse réconciliation de partis opposés ? Ces partis, en effet très-opposés, ne furent point réunis :
quelques soldats du Régiment de Guienne égarés
sur la vérité des inculpations faites à leurs camara-

____

(F) Il a été remis devers le Greffe, au mois de Mai, la
police d'arrentement de ce jardin.

C

des , crurent pouvoir pardonner à leurs adverfaires. Les Citoyens entre eux ne furent point mis d'accord , & l'on ne chercha qu'à renforcer le parti des malveillans par les foldats de Guienne. Il eft vrai que ceux-ci ne tardèrent pas à voir que les plaintes portées contre leurs camarades étoient fans fondement , & ils en furent d'autant plus irrités contre ceux qui les avoient trompés. Le Miniftre de la Guerre , le Colonel du Régiment de Guienne ont rendu une juftice éclatante aux Bas - Officiers qu'on avoit fauffement inculpés ; & le jour qu'ils fortirent de prifon fut un jour d'alégreffe pour tous leurs Camarades. C'eft donc parce que le Club des Amis de la Conftitution étoit clairvoyant & ferme dans fes principes , qu'il eut le courage de ne pas interrompre le Mémoire par lequel il dénonçoit à l'Affemblée Nationale la conduite de la Municipalité ; & il ne fut pas plus arrêté par l'hypocrifie de cette réconciliation prétendue , qu'il ne l'avoit été précédemment par les menaces dont on avoit voulu l'effrayer.

« Les témoignages éclatans de l'alégreffe publi-
» que & de la reconnoiffance des Citoyens envers les
» Officiers Municipaux , ne firent qu'accroître les
» reffentimens des prétendus Amis de la Conftitu-
» tion. Ils préparèrent dans le filence des moyens
» de maîtrifer l'Affemblée Electorale , & leur uni-
» que efpoir fut de fe dédommager dans la forma-
» tion du Département & du Diftrict , de la pré-
» pondérance qu'ils n'avoient pu obtenir lors de l'élec-
» tion des Officiers Municipaux ».

Les Officiers Municipaux ont raifon ; l'unique efpoir des bons Citoyens , étoit de voir nommer le Département & le Diftrict d'une manière qui peut affurer le repos de ces Contrées ; ils fe préparèrent

ouvertement, non pas à maîtriser l'Assemblée Electorale, nous ne redirons pas ici combien est indécente
une pareille inculpation, mais à faire connoître à
MM. les Electeurs, les détails de la conduite qu'il
avoit cru devoir tenir dans des circonstances délica-
tes ; il eut la satisfaction de réunir l'approbation du
plus grand nombre d'entre eux.

« Pour parvenir à ces fins, ils conçurent le pro-
» jet de les fatiguer chaque jour par de nouvelles
» pétitions ; de les distraire de leurs importans tra-
» vaux par des entreprises repréhensibles, de les
» désunir s'il étoit possible & de les éloigner de la
» maison Commune. Les cruels événemens du mois
» de Juin, combinés d'avance, servirent parfaite-
» ment leur haine contre une Municipalité dont
» l'aspect les importunoit, & qu'ils avoient fait
» vœu d'anéantir par toute sorte de moyens ».

Nous voudrions n'avoir à accuser les Officiers
Municipaux que d'erreur dans ce paragraphe ; mais
ils savent, comme tous les habitans du Département du Gard, que les Amis de la Constitution ,
ne furent pas long-temps inquiets sur le résultat de
l'Assemblée Electorale. Son Verbal l'atteste : elle
étoit composée de 505 Electeurs , & dès les premiers choix, on vit le parti patriote l'emporter sur
l'autre, par une majorité de 360 voix environ, contre 140. Le Président, le Secrétaire, les Scrutateurs ;
enfin, les Membres de l'Administration furent suc-
cessivement nommés parmi les personnes les plus
distinguées par leurs lumières & leur patriotisme.
Qui pourra croire que le Club, qu'on ose accuser
d'avoir dicté un choix que l'opinion publique seule
indiquoit ; qui croira que le Club, & les prétendus malveillans qu'il renferme, ayent cherché
les premiers à troubler la paix publique, dans un

moment où, fans peine & fans danger, ils voyoient le choix de l'Affemblée Electorale fe réunir fur toutes les perfonnes que lui-même auroit choifies, & l'Affemblée Nationale peut juger par les opérations du Corps Adminiftratif du Département du Gard, fi les Sujets qui le compofent font dignes de la confiance de leurs commettans ? Si nous voulions récriminer, nous pourrions ici avec bien plus de fondement que les Officiers Municipaux, nous écrier : que ne peuvent l'intrigue, la vengeance & l'ambition déçues ? Les attroupemens, qui, le Dimanche 13 Juin, eurent lieu, à la même heure devant la Citadelle, entre les deux Cours, près des Carmes, à la porte des Carmes, à l'Evêché, aux Récolets, pendant que les Membres du Club, étoient réunis paifiblement avec un grand nombre d'Electeurs & de perfonnes de l'un & de l'autre fexe ; ces mouvemens violens & *combinés d'avance*, n'annonçent-ils pas la *haine d'un parti déçu contre une Affemblée Electorale qui l'importunoit, & qu'il avoit fait vœu d'anéantir par toutes fortes de moyens.*

« En effet, dès le 13 au foir, c'eft-à-dire, dès
» le commencement de la rixe furvenue entre quel-
» ques Légionnaires, les Officiers Municipaux furent
» profcrits & pourfuivis ; ils n'échappèrent à la mort
» que par des hazards miraculeux. On les empêcha
» de fe réunir pour concerter leurs opérations ; on
» fit éprouver les plus affreux traitemens à ceux qui,
» après la fortie de leurs Collégues, étoient demeu-
» rés dans la Maifon Commune pour la vérification
» des comptes ».

Il eft abfolument faux que les Officiers Municipaux aient été profcrits & pourfuivis. Le 13 au foir, tous les bons Citoyens cherchoient à fe mettre fous leur protection. M. de St. Pons, Commandant la

Légion , à la tête d'un détachement de la Compagnie de garde , en rencontra deux , qu'il engagea à fe rendre avec lui , fur le lieu où avoit commencé la rixe.

Le même M. de St. Pons , avoit rencontré quelques inftans auparavant le Procureur de la Commune , & l'avoit vivement follicité de fe rendre à l'Hôtel de-Ville ; mais après y être arrivé , celui-ci en difparut fans avoir donné les ordres néceffaires (A).

Leur réunion n'a pas été impoffible , puifque les Commiffaires du Roi fe concertèrent avec ceux dans l'Hôtel-de-Ville.

« L'un d'entre eux , Miniftre des Autels ,
» fut contraint par une foule de Volontaires de
» publier , feul , la loi Martiale. Le Drapeau fatal
» eft mis entre fes mains ; on le force de le porter
» lui-même ; on l'infulte ; on le frappe ; on l'excède
» de coups , au point de lui faire vomir le fang.
» L'autre, traîné dans les rues comme un criminel,
» eft menacé , maltraité ; un des Gardes Natio-
» naux touché de fon fort , pare , heureufement
» pour lui , plufieurs coups de fabres & de bayon-
» nettes qui lui font portés. Celui-ci , doit la
» vie à la Maréchauffée qui vint à fon fecours.
» Celui-là , reçoit fur la main un coup de fabre ,
» dont il fera peut-être eftropié toute fa vie.
» Un autre , eft dans l'Hôtel-de-Ville. Le Pro-
» cureur de la Commune , échappe à mille dangers,
» & voit plufieurs fois le poignard levé fur fon fein.
» Son Subftitut , jaloux de le remplacer , eft
» pourfuivi pendant plufieurs jours ; il effuye huit

(A) *Vide* les dépofitions des 5 , 11 , 53 , 63 , 70 , 116 , 152 & 753e. témoins de l'information.

» coups de fufils à diverfes reprifes ; il tombe au
» milieu des cadavres , & il ne doit fon falut qu'à
» cette heureufe chute. M. de *Labaulme* , portant
» des paroles de paix aux Etrangers arrivés en foule
» à l'Efplanade , eft chargé d'imprécations ; les fa-
» bres & les bayonnettes font tournés contre lui ,
» & il ne peut fe fauver , qu'en réjoignant un Col-
» lègue qu'on s'efforçoit de féparer de lui. M. *Du-*
» *roure* , voulant s'oppofer au pillage du Collége,
» & protéger les jours du Recteur, eft fur le point
» d'être affaffiné ; il ne ceffe d'effuyer les menaces
» d'un Légionnaire, qui lui vante *la beauté & la*
» *bonté de fon fabre , bien propre à faire fauter des*
» *têtes*. On maffacre fous fes yeux fix infortunés ,
» & fes inflantes follicitations ne peuvent leur épar-
» gner la mort. En un mot , toute la Municipalité
» court les plus grands rifques pendant cinq jours.
» Plufieurs de fes Membres ne trouvent point d'afile.
» On va les chercher jufques dans leurs propres
» foyers , & l'on menace du pillage , ceux qui
» pourroient vouloir fe fouftraire à la fureur de leurs
» ennemis. Ainfi s'exécuta le projet depuis long-
» temps arrêté , de difperfer le Corps Municipal ,
» pour s'emparer de fon autorité & des rênes de
» l'Adminiftration.

« On force les Officiers Municipaux à faire des
» réquifitions à chaque inftant ; on les configne
» dans la maifon Commune ; on leur promet que
» s'il furvient de nouveaux troubles, ils feront *mis*
» *en avant* , & feront les premières victimes. On
» affaffine leurs Concitoyens fur les plus légers pré-
» textes ; on en immole jufques dans les Salles où
» ils font affemblés ; on en défarme en leur nom ;
» on en précipite un grand nombre dans les cachots.
» La raifon a beau crier qu'il n'y a point de cri-

» minels , la vengeance veut des victimes. Que
» de pillages , que d'atrocités ils virent commettre
» fans pouvoir les empêcher ! »

Les Officiers Municipaux ne craignent pas de
convenir , que l'un d'entre eux , l'Abbé de Belmont ,
fut contraint par une foule de Volontaires , de publier feul la loi Martiale ; mais ceux qui le contrai-
gnirent à faire cette publication , défiroient donc
le rétabliffement de l'ordre.

Comment concilier ces inculpations contre les
Citoyens , avec ce zèle qu'ils mirent à réclamer la
loi Martiale. Les moteurs des défordres , intéreffés
à le propager , auroient-ils imploré ces Magiftrats
pour en arrêter l'effet ?

Pourquoi l'Abbé de Belmont ne s'empreffoit - il
pas de prévenir le vœu des Citoyens ? Les circonftances n'étoient-elles pas affez urgentes ? Déjà l'on avoit
vu plufieurs Citoyens impitoyablement égorgés. Le
fieur Jalabert , avoit été affaffiné dans fa propre
maifon ; le fieur Aftruc , vieillard de 70 ans , paffant près la porte des Carmes paifiblement & fans
armes , avoit reçu la mort ; d'autres Citoyens
avoient été pourfuivis & atteints ; falloit-il attendre
de nouveaux malheurs ? Pourquoi M. l'Abbé de Belmont fe refufoit-il à marcher ? Faut-il le dire , les
révoltés étoient les Volontaires des Compagnies
de Froment , de Folacher , de Defcombiés & autres. On a affez vu les liaifons intimes de ces Chefs
avec la Municipalité. Les Officiers Municipaux ,
gardent le filence le plus abfolu fur l'enlèvement du
Drapeau rouge ; ils ne difent pas que la troupe qui
l'efcortoit fut affaillie par les gens à houppe
rouge ; que ce furent ceux-ci qui enlevèrent ce Drapeau , & un fecond , porté enfuite par MM. Ferrand
Demiffol & Pontier. Un Procès-Verbal , dreffé par

eux-mêmes, nous fournit la preuve de ces faits, &
on le trouvera fous le N°. 14 des pièces juftificatives (A). Ceux qui enlevèrent les Drapeaux rouges,
ceux qui attaquoient les troupes qui les fuivoient,
font-ils aux yeux de la Municipalité les Amis de la
paix? & peut-on s'étonner que ces forcénés fe
foient peut-être livrés envers M. l'Abbé de Belmont
à des excès qui augmentèrent dans ce moment
l'effroi des bons Citoyens qui l'accompagnoient? Les
dangers qu'avoit couru l'Abbé de Belmont, furent
les mêmes que courut enfuite M. Ferrand lorfqu'on
enleva entre fes mains le fecond Drapeau rouge.

Lorfque M. Laurens reçut un léger coup de
fabre fur la main, ce fut en détournant un coup
qui étoit dirigé contre M. Paris, Officier des Dragons Nationaux, par un homme portant une houppe
rouge; il fit un acte d'humanité qui mérite des élo-
ges : mais il y a une mauvaife foi évidente à vouloir
tirer parti de cet accident, pour faire fuppofer que
des patriotes en vouloient aux jours d'un Officier
Municipal.

Enfin, fi les fieurs Vidal, Boyer, Pontier,
Duroure & de Labaulme ont couru des dangers,
il ne faut point affecter de les énumérer, comme
fe rapportant à la foirée du 13 : ce fut dans les trois
jours qui la fuivirent, dans ces momens où tous
les efprits aigris, égarés en quelque forte par la
fureur & la vengeance, ne pouvoient fe rappeler
qu'avec défefpoir, en rencontrant les Officiers Municipaux, qu'il n'eut tenu qu'à eux de prévenir tout
le mal. Ils ont couru des dangers, comme en

____

(A) Les deux drapeaux rouges furent trouvés chez
Froment. Voyez la dépofition de M. Defcombiés.

couroient tous les Citoyens ; & certes, on ne s'en étonnera pas, en réfléchissant aux devoirs des Magistrats du Peuple, dans des momens d'émeute. Leur devoir les appelle aux lieux les plus dangereux. C'est ce pénible devoir qui, lorsqu'il a été bien rempli, leur vaut ensuite, pour récompense, la vénération & la reconnoissance de tous les gens de bien : mais ce qu'on ne peut voir sans indignation, en lisant ce paragraphe, c'est qu'après avoir eu la mauvaise foi de confondre ainsi les temps & les personnes, l'ame des Officiers Municipaux n'ait pas été pressée du besoin de satisfaire à la reconnoissance, en faisant connoître les personnes qui, dans ces momens affreux, ont eu le noble courage de partager leurs dangers, & d'éloigner d'eux la vengeance d'un peupeuple exalté ?

Que Monsieur Ferrand se souvienne de M. Jean André, M. Fornier de M. Blanc - Pascal, M. de Labaulme de M. Chabanel, M. Vidal de M. Ribot. M. Boyer de M. Boyer - de - Villas & de M. Tur. Que M. Gas, que M. Gaillard, Officiers Municipaux parlent (H) ; & qu'on se fasse, s'il se peut,

---

(H) M. Ribot, conduisant une patrouille, trouva le mardi 15 Juin M. Vidal, Procureur de la Commune, & M. Laurens, Officier Municipal, déguisés, chez le nommé Gas, Tavernier, où se réunissoient les gens à houppes rouges ; M. Ribot les sauva de la fureur du peuple ; & comme ils étoient Electeurs, il les conduisit à l'Assemblée électorale à laquelle il les confia.

M. de Labaulme, après la nuit affreuse du Dimanche au lundi, parloit aux Troupes assemblées qui, à sa présence, n'écoutoient que leur indignation & leur désespoir. M. Pierre Chabanel calma tous ces Volontaires, & s'exposa à tout leur ressentiment pour embrasser la défense du Magistrat dont il préserva la personne de toute insulte.

une idée de l'indignation qu'éprouvent des ames généreuses à voir présenter insidieusement, comme perturbateurs du repos public, des personnes qui, après avoir travaillé de toutes leurs forces au maintien de la paix, ont encore exposé leur vie pour protéger celle de leurs plus cruels adversaires.

Qui ne sait que dans une émeute horrible qui a duré quatre jours, on s'est livré aux plus criminels excès? Quel homme oseroit répondre de contenir & de maîtriser une foule ignorante qu'on a livré au désespoir? La raison dans un pareil moment peut-elle se faire entendre de la multitude? La Municipalité de Nismes nous annonce par une note le détail imprimé de ces atrocités ; nous n'y apprendrons rien, que l'histoire trop connue des passions des hommes. Ce ne sont pas les criminels & effrayans effets de ces passions, qu'il importe de connoître, ce sont les causes plus criminelles encore qui les ont produits. Qu'on se rappelle toutes les manœuvres qui ont été dénoncées au Comité des recherches depuis le mois de Novembre dernier, & l'on verra par qui ces malheurs ont été préparés.

Nous ne pouvons passer sous silence une phrase de ce paragraphe. *Ainsi*, disent les Officiers Municipaux, *s'exécuta le projet depuis long - temps arrêté de disperser le Corps Municipal, pour s'emparer de son autorité, & des rênes de l'administration.* Rien assurément n'est moins prouvé qu'un pareil projet ; & qu'il nous soit permis de relever ces absurdités remarquables. D'abord : comment, en dispersant le Corps Municipal, s'empare-t-on de son autorité? Ne diroit-on pas que les fonctions Municipales sont au premier occupant? 2°. La Municipalité exerce encore ses fonctions, & n'a pas assez perdu de sa force pour qu'elle ne puisse encore inquié-

ter beaucoup les Citoyens. S'il étoit vrai que le but
de ce qu'elle appelle les malveillans, eût été de
s'emparer des rênes de l'adminiſtration, pourquoi
les auroient-ils laiſſées juſqu'à ce jour dans leurs
mains ?

» Des Egliſes, des Couvens, des maiſons ſont
» livrés au pillage, ſaccagés, détruits, & les mai-
» ſons pillées n'appartiennent qu'à des Catholi-
» ques. Cette remarque ne fait point ouvrir les
» yeux ; on avoit eu la perfide précaution de pu-
» blier que les Citoyens proſcrits étoient anti-pa-
» triotes contre leſquels les amis de la liberré ne
» pouvoient trop rigoureuſement ſévir. »

» Les brigands qui avoient ſuivi les troupes
» Nationales commirent vraiſemblablement tous ces
» déſordres, & furent dirigés par des hommes qui
» n'échapperont pas ſans doute à la rigueur des
» lois. La plupart des Gardes Nationaux étran-
» gers, maintenant détrompés, voyent avec une
» profonde douleur que leur préſence a pu autori-
» ſer ces crimes prémédités ; & ils s'aperçoivent ,
» mais trop tard, que la proſcription n'a enveloppé
» que ceux dont le ſacrifice étoit réſervé pour ces
» jours de vengeance ; que ceux qui avoient dépoſé
» ſur les émeutes du mois de Mai ; que ceux qu'on
» avoit intérêt de détruire pour faire perdre la
» trace d'un procès trop fameux ; que ceux qu'il
» falloit éloigner pour s'arroger tous les pouvoirs ;
» que ceux enfin, qu'on devoit diſperſer pour maî-
» triſer les élections du Département & du Diſtrict.
» Telles ſont les cauſes uniques du maſſacre du
» mois de Juin. L'anti-patriotiſme en fut le prétexte;
» le déſir de dominer, le motif ; & la calomnie
» & le crime, les moyens dont on ſe ſervit pour
» parvenir à ces fins déteſtables. »

Nous opposerons la vérité, la nature des faits, & le calme de la réflexion à ce paragraphe incendiaire. Les Officiers Municipaux appellent le fanatisme à leurs secours ; ils veulent montrer la Religion Catholique outragée dans ses Temples & dans les personnes de ses Ministres, & des Citoyens. Ils ne rougissent pas de proférer dans une note, ces mots : *Capitaines des Compagnies Catholiques* ; & il ne manquoit que ces insinuations perfides pour consommer cet ouvrage de la calomnie.

Aucune Église ni Couvent n'ont été pillés, saccagés ni détruits. Tous les Curés, Supérieurs & Supérieures des Maisons religieuses l'ont attesté dans des certificats qu'ils ont donnés ; d'autres ont certifié avoir été reçus chez des Protestans comme chez leurs frères. Il s'est commis quelques dégradations dans des Couvens ; mais n'a-t-on pas provoqué ces désordres ? Cette fusillade qui partit des Capucins, & qui tua le Maire de Saint-Côme ; ces fameuses tours placées entre le Collége & le Couvent des Dominicains où les agresseurs se réfugièrent, n'étoit-ce pas des piéges pour attirer auprès des Lieux Saints, ou dans des Maisons de piété, des hommes égarés par le désespoir ? Tous les Couvens éloignés des lieux des combats, n'ont-ils pas joui de la plus parfaite tranquillité ? L'abbé Cabanel, les Froment n'avoient-ils pas assez irrité les esprits, comme anti-patriotes déclarés, comme Chefs d'un parti funeste, pour que le pillage de leur maison soit plutôt regardé comme une vengeance publique, que comme un acte de fanatisme ?

Mais les Officiers Municipaux chargent ce tableau désastreux ; tout leur écrit ne contient que des rapprochemens perfides, que des insinuations funestes, & éloigne avec soin tout ce qui peut éclairer l'opinion. Il faut donc leur rappeller, puifqu'ils parlent des Compagnies catholiques, l'hiftoire de ces mêmes Compagnies qu'ils feignent d'ignorer, & dire comment il arrive que des Catholiques femblent les opprimés.

A l'inftitution des Gardes Nationales, les Compagnies de celle de Nifmes étoient compofées en nombre à peu près égal de Catholiques & de Proteftans. Trois mois s'écoulèrent dans cette union qui confondoit leur fort & leurs intérêts, fans aucune diftinction d'opinion.

Le fieur Froment fut le premier qui, aidé de quelques Eccléfiaftiques, ofa former & exécuter le projet de lever de nouvelles Compagnies toutes compofées de Catholiques. Leur admiffion dans la Garde Nationale fut marquée par un acte de violence fur le Confeil permanent & devint la fource de nos malheurs. Ces Compagnies furent dès-lors le point de ralliement des ennemis de la paix & des fanatiques ; la multitude diftingua pour la première fois les Citoyens d'un culte différent. Les règlemens de la Garde Nationale portoient que les Officiers feroient renouvelés tous les mois. On profita de ce renouvellement pour mettre à la tête de certaines Compagnies les perfonnes les plus connues par des fentimens anti-patriotiques. On dégouta les Proteftans, on féduifit des Catholiques qui avoient des Proteftans pour Capitaines, & la Garde Nationale fe divifa alors fur les intérêts de l'Etat, comme elle tendoit à fe divifer par les opinions religieufes. Le règlement provifoire de la Municipalité vint achever le mal en autorifant cette efpèce de féparation par le paffage des Volontaires d'une Compagnie dans d'autres. Les fanatiques avoient commencé. Bien de Gens honnêtes, mais faciles, crédules & égarés fur le principe qui les animoit, imitèrent leur exemple, & l'on vit enfin une milice Catholique contre une autre milice où les Proteſtans étoient les plus nombreux, parce qu'il n'étoit reſté avec eux que ceux qui par la fermeté de leurs principes & de leur caractère ſont inacceſſibles à la ſéduction. Cette première milice commença l'attaque, & parce que les projets de ceux qui l'excitoient ont été renverſés, parce qu'elle a été repouſſée, on veut que la Religion ſoit bleſſée & que ſa ſainteté ſoit attaquée dans une défenſe légitime.

Nous en appellons à vous, Catholiques, auſſi attachés à votre Religion qu'à la liberté ; vous qui avez combattu pour elle, en gémiſſant ſur l'erreur de ceux qu'on avoit égarés ? Nous en appellons à vous, Membres Catholiques des Corps Adminiſtratifs de la Garde Nationale ? Parlez, démentez les inſinuations perfides des Officiers Municipaux qui voudroient prolonger le déſordre ?

Dites hautement que les premières Places des Corps Adminiſtratifs & de la Garde Nationale ſont occupées par des Catholiques, & déclarez ſi le fanatiſme, *le deſir de dominer*, & les projets criminels ont dirigé le parti vainqueur. Les mêmes principes dirigeront ſans doute le choix des Juges dont les élections ſont très-prochaines, & il n'eſt pas inutile d'obſerver que les Officiers Municipaux ont attendu ce moment pour répandre leur adreſſe incendiaire (A).

(A) L'élection des Juges vient d'être faite. Il y en a 4 & 2 ſuppléans Catholiques. Il eſt bien triſte de montrer ces différences pour ſe juſtifier. Les Préſidens & Procureurs-Syndics des adminiſtrations du Département du Gard & du Diſtrict de Niſmes ſont Catholiques, de même que l'Etat-Major de la Garde Nationale de cette Ville.

(47)

Il fe rapporte au paragraphe que nous venons de
refuter une note qu'il eft précieux de joindre à l'examen du mémoire de la Municipalité. La voici :

» Les Capitaines des Compagnies Catholiques
» qu'on a repréfentés dans toute la France comme
» des anti-patriotes, s'étoient empreffés dès le 14
» Avril de venir configner dans les regiftres de l'Hô-
» tel-de-Ville , *qu'ils adhéroient* de cœur & d'ame
» à toutes les fédérations qui auroient pour objet de
» maintenir la Conftitution fanctionnée par S. M. ;
» de faire exécuter les Décrets des Repréfentans de
» la Nation ; d'affurer la perception des impôts ; de
» réprimer les perturbateurs du repos public ; &
» pour toût dire en un mot , de donner dans toutes
» les circonftances des preuves non équivoques du
» patriotifme le plus pur & de leur amour inaltéra-
» ble pour le meilleur des Rois.

Ces Capitaines que la Municipalité appelle *Catholiques* , dont elle défend les principes & le patriotifme , qu'elle prend ainfi fous fa protection , ont en effet
configné le 14 Avril dans les regiftres de l'Hôtel-de-
Ville la phrafe ci-deffus. Mais que dira-t-on quand on
trouvera dans ces fignatures les noms de MM. Michel , Vigne , Folacher , Robin , Froment, Velu ,
Melquion qui, le 20 Avril, c'eft-à-dire , 6 jours
après , furent tous Commiffaires de la fameufe délibération des Pénitens , & qui comme tels ont été man-
dés à la Barre de l'Affemblée Nationale , & quand on
faura que la plupart des noms réunis aux leurs , dans
l'Acte fait à l'Hôtel-de-Ville , font ceux des frères ,
fils , gendres , parens ou amis de tous les membres du
Confeil général de la Commune. Il eft permis d'a-
près ce rapprochement de fixer fon opinion fur ce
que le Corps Municipal de Nifmes appelle du patriotifme. On trouvera fous le N°. 15 des pièces juftifi-

catives la lifte de la plupart de ces Capitaines Catholiques.

» Ainfi donc, d'après le refus du Procureur du
» Roi de faire entendre les témoins indiqués par les
» Repréfentans de la Commune ; d'après la partia-
» lité qu'il a montrée dans cette procédure ; d'après
» les affaffinats & les profcriptions qui ont eu lieu
» contre ceux qui avoient fait connoître les auteurs
» des troubles du mois de Mai ; d'après les excès
» récemment commis contre MM. *Defcombiés* &
» *Vigne* , détenus prifonniers ; d'après l'inquifition
» exercée à Nifmes contre tout ce qui n'eft pas dé-
» voué au Club , il eft bien évident qu'il eft impoffi-
» ble de rien ftatuer fur l'information faite dans cette
» Ville.

» D'ailleurs , l'efprit de parti qui a défigné les té-
» moins, l'efprit de prévention ou de crainte qui a
» dirigé les Magiftrats , & fur-tout la néceffité que
» tout témoin puiffe dépofer avec fureté pour fa per-
» fonne , exigent que l'information foit recommen-
» cée dans une Ville, fi l'on veut peu éloignée de
» Nifmes , mais hors de fon Département, & dont
» les habitans & les Gardes Nationales aient donné
» l'exemple de la plus parfaite impartialité.

Toujours de fauffes allégations , toujours des inculpations odieufes : Magiftrats , Témoins , Citoyens, tout eft corrompu dans notre Ville : la peur,
les promeffes , les menaces , la féduction, tout
femble mis en ufage pour arracher des dépofitions
aux Témoins , ou des actes aux Magiftrats : les
feuls Officiers Municipaux font au-deffus des paffions
& des préjugés. Cependant, près de 200 Témoins
ont dépofé ; il en refte encore autant qui n'ont pas
été entendus , & qui dévoués à la vérité , la porte-
ront, s'il le faut , devant d'autres Tribunaux. Un
réfumé

réfumé de la procédure , fous le N°. 16, des pièces juftificatives , peut inftruire de ce qu'on a déjà découvert.

Nous ne poufferons pas plus loin l'examen du Mémoire des Officiers Municipaux. Il eft faux & calomnieux dans tous fes points : nous nous difpen-ferons de les fuivre dans les dernières pages , où ils étalent tous les lieux communs de l'éloquence. Pour être perfuafive , elle auroit befoin d'être fondée fur des fentimens plus élevés , & fur des faits qui ne bleffaffent pas à chaque inftant la vérité.

Il n'eft peut-être pas inutile de rappeller avant de finir à M. Boyer , Subftitut du Procureur de la Commune, une phrafe qu'il a écrite & imprimée en cette qualité , dans un réquifitoire fait dans l'Af-femblée tenue à Nifmes pour la Confédération Na-tionale , le 14 Juillet 1790, c'eft-à-dire , un mois après les troubles de Nifmes. Il difoit à tous les ha-bitans de Nifmes raffemblés fur l'Efplanade :

« Mais , Citoyens , que cette Fête patriotique ne
» foit pas troublée par d'affligeans fouvenirs de
» haine ou d'inimitié ; repouffez-les loin de vous
» avec générofité , & fouvenez-vous déformais que
» vous êtes trop grands pour ne pas vous élever au-
» deffus de ces foibleffes humaines.

« Plaignez ceux qui , par un déplorable aveugle-
» ment , n'ont pas craint de lutter contre les lois ,
» & que leur *chute méritée* ne vous faffe point ou-
» blier qu'un *véritable repentir* peut les faire rede-
» venir vos frères.

» Croyez que le fpectacle touchant de votre fé-
» dération les contraindra de rentrer en eux-mêmes ;
» croyez qu'il les forcera d'abjurer de *trop fatales*
» erreurs ; & croyez qu'ils viendront bientôt *fe pu-
» rifier* au feu de votre civifme.

D

» Vous les aimerez alors, Citoyens , & vous leur
» déclarerez au nom de la Patrie , que vous les re-
» gardez comme vos frères ; & ils jureront de se
» joindre à vous par la plus indissoluble union , pour
» adhérer à tous les Décrets de l'Auguste Diète qui
» vient de régénérer l'Empire , & ils jureront de
» soutenir avec vous , jusqu'à la dernière goutte de
» leur sang, la Constitution décrétée par l'Assemblée
» Nationale & sanctionnée par le Roi ».

« Tels sont les vœux ardens que nous formons ».

Nous demandons à M. Boyer à qui peuvent s'ap-
pliquer ces mots *de chute méritée , de véritable repentir , de trop fatales erreurs.* Ce n'est pas sans
doute à ceux qui venoient de sortir d'une lutte à la
vérité pénible , mais victorieuse ; ce n'est pas à ceux
qui bien éloignés d'être dans le cas de se repentir ,
juroient ce jour-là , sur l'Autel de la Patrie , de
vivre & mourir pour la Constitution dont ils venoient de déconcerter les ennemis.

C'est ce même M. Boyer qui est l'Auteur du Mémoire que nous venons de réfuter. MM. Duroure,
Razoux , Ferrand Demillol , Pontier , Fornier &
Grelleau , Officiers Municipaux , au nom desquels
parle M. Boyer , ont signé avec leurs Collègues une
Délibération prise le 13 Juillet par le Corps Municipal (A) , & dans laquelle ils déclarent : *qu'ils ne
peuvent que louer & approuver le zèle & le patriotisme que renferme le réquisitoire de M. Boyer , &
que les sentimens qui y sont exprimés sont communs à tous les membres de la Municipalité.*

Que penser de ces Officiers Municipaux qui se

(A) On la trouvera sous le N°. 17 des pièces justificatives.

reſpectent aſſez peu pour ne pas craindre de ſe con-
tredire publiquement juſqu'à ce point ?

D'après les faits prouvés & que nous venons de
de retracer , nous invoquons la juſtice la plus ſévère
de l'Aſſemblée Nationale , & déſirant l'examen le
plus rigoureux de notre conduite , nous attendons
avec courage notre juſtification , du jugement qu'elle
prononcera dans ſa ſageſſe.

PAR LE CLUB DES AMIS DE LA CONSTITUTION ,
ÉTABLI A NISMES.

NISMES le 10 Octobre 1790 ,

L'AN SECOND DE LA LIBERTÉ.

D 2

PIECES JUSTIFICATIVES.

N°. I.

EXTRAIT d'un Acte expofitif, fait à la Requête de M. Blanc-Pafcal, Secrétaire du Club, à quelques Officiers Municipaux.

L'AN mil fept cent quatre-vingt-dix, & le 2 Octobre, par nous Charles Martin, &c. fouffigné, à la Requête du Club des Amis de la Conftitution, établi en cette Ville de Nifmes, pourfuite & diligence de M. Blanc-Pafcal, Avocat & Procureur, l'un des Secrétaires du Club, chez lequel domicile eft élu, a été expofé à Meffieurs Murjas, Marchand drapier; Vincent-Valz, négociant; Gas, marchand de bas; Gaillard, marchand toillier; Lieutier, père, négociant; Laporte, père, Menuifier; Aigon, marchand de bois; & Laurent, Avocat & Procureur, tous Officiers Municipaux, habitans dudit Nifmes, qu'il a été diftribué depuis quelques jours, deux éditions d'une Adreffe à l'Affemblée Nationale, l'une au nom de Meffieurs Duroure, Razoux, Ferrand Demiffol, Fornier, Pontier, Grelleau, Officiers Municipaux, & Boyer

Subſtitut du Procureur de la Commune ; l'autre au nom de MM. les Officiers Municipaux de Niſmes. Et comme cette dernière dénomination contient la généralité des Officiers Municipaux, & qu'il importe au Club, qui ſe trouve atrocement calomnié dans cette Adreſſe, d'avoir connoiſſance de ceux qui y ont participé, à l'effet de prendre les voies légales pour faire punir les calomniateurs, en exhibant auxdits Officiers Municipaux ci-deſſus dénommés, un exemplaire de chaque édition de la ſuſdite Adreſſe, les avons ſommés & réquis de déclarer en réponſe au préſent Acte, & dans le délai de vingt-quatre heures au plus tard, au domicile ci-deſſus indiqué, *s'ils avouent ou déſavouent ladite Adreſſe, leur proteſtant que leur ſilence, & le défaut de réponſe ſeront pris pour un déſaveu exprès & formel de ladite Adreſſe, qu'en conſéquence il ſera tiré de ce déſaveu les inductions de droit*, leur ayant à chacun baillé copie de cet exploit, en parlant pour le ſieur Murjas à lui-même, pour le ſieur Vincent-Valz à lui-même, pour le ſieur Gas à lui-même, pour le ſieur Gaillard à lui-même, pour le ſieur Laporte à lui-même, pour le ſieur Aigon à lui-même, & pour le Sr. Laurens à ſon Clerc, trouvé en domicile dans l'intervalle du temps requis ; en foi de ce, le Clerc dudit Sr. Laurens a répondu : que celui-ci eſt abſent ; que du reſte, il eſt notoire qu'il a donné ſa démiſſion d'Officier Municipal depuis le 14 Juin dernier ; que conſéquemment il ne peut avoir aucune part à l'Adreſſe dont s'agit : requis de ſigner, a dit n'être néceſſaire. Martin, *ſigné* : contrôlé, Chabaud, *ſigné*.

Nº. II.

Extrait d'une Lettre écrite le 5 Mai, par M. Madon, Curé de Bouillargues, à M. Basile, Capitaine d'une Compagnie de la Légion Nîmoise. L'Original de cette Lettre se trouve au Greffe de la Sénéchaussée, joint à la procédure contre la Municipalité.

MONSIEUR, j'ai remercié de bien bon cœur, la divine Providence de ce qu'elle vous a préservé dans ce bagarre, de tout fâcheux accident, & d'avoir ramené le calme. Votre lettre m'est parvenue fort à propos pour me tirer de peine ; j'en ai fait part à tous ceux qui sont venus chez moi, & avant qu'il soit plus tard, tous en seront informés. Il seroit à souhaiter qu'une Adresse faite à la Municipalité, retardât cette Assemblée jusqu'à Dimanche, vous auriez plus de temps pour former les listes, & tous les Votans se rendroient, parce qu'ils seroient sans excuses. Si ma santé me l'avoit permis, j'aurois été à la Ville, je n'ai pas même pu sortir de chez moi depuis Dimanche, & je crains même de ne pouvoir m'y rendre vendredi, ce dont je serois bien faché. Je ne doute pas que vous ne soyez du Comité où les listes seront dressées ; je viens donc vous prier de dire à tous ces

D 4

MM. de ne faire aucune mention de moi , fuppofé qu'ils en euffent feulement l'idée , parce que je ne fuis bon que pour mettre la lifte qu'on me remettra fi je puis y aller : de faire mettre dans la lifte , le nommé André Comte , Fermier de Bourbon , & le fieur Belle , Féodifte , auxquels je promis de m'intéreffer pour eux lors du fcrutin des Notables , dans lequel ils attendoient y être compris. C'eft ce dernier qui , en me rappellant aujourd'hui la promeffe que je lui fis , me dit de contribuer de mon mieux , non-feulement auprès de vos Paroiffiens , &c. mais encore en qualité de prochain Préfident à l'Affem-blée. Daignez donc , je vous en fupplie , faire mettre tout autre à cette Place fi délicate dans ce moment , & ne pas oublier M. le Curé de Saint-Céfaire , qui mérite à tous égards cette place. J'ai l'honneur d'être avec un tendre , fincère & refpectueux attachement. M. &c. MADON, Curé. Bouillargues , 5 Mai 1790.

TABLEAU

DES Impositions que payent les Membres de la Municipalité & du Conseil Général de la Commune, comparé à celui de leur Contribution patriotique (*).

NOMS. MESSIEURS	SOMME des Impositions. liv.	l.	d.	DATE DES CONTRIBUTIONS patriotiques.	SOMME des Contributions patriotiques. liv.	l.	d.
Teiffier - Marguerittes, *Maire.*	1161	7	6	20 Décembre.	5000	0	0
OFFICIERS MUNICIPAUX.							
Murjas, pour lui, son frère & sa mère.	639	0	0	22 Mai.	504	0	0
Labaulme.	2000	0	0	10 Décembre.	2161	5	0
Duroure.	1063	8	2	31 Décembre... 1200 l. 28 Août sup. ..... 800 l.	2000	0	0
Vincent - Valz.	1358	17	0	11 Décembre.	4500	0	0
Razoux.	322	16	1	27 Février.	300	0	0
Ferrand - Missol.	148	18	8	30 Décembre.	1200	0	0
Pontier.	260	5	7	Premier Mars.	1000	0	0
Fornier.	364	18	11	29 Décembre.	500	0	0
Gas.	30	10	0	21 Mai.	108	0	0
Gaillard.	401	14	0	17 Mai.	1248	0	0
L'Abbé de Belmont.	624	0	0				
Grelleau.	206	0	6	27 Avril.	48	0	0
Cabrieres Gardies.	6	0	0				
Lieutier.	285	2	4	17 Mai.	450	0	0
Laporte & son fils.	40	7	0	22 Mai.	18	0	0
Aygon.	114	1	0	30 Janvier. ... 100 l. 24 Septembre sup. 50 l.	150	0	0
Laurens.	462	0	0	19 Avril.	200	0	0
Vidal, *Procureur de la Commune.*	305	4	0				
Boyer, *Substitut.*	177	6	11	30 Juin.	2	0	0
NOTABLES.							
Deleuse, a refusé.							
Daunant.	872	0	0	17 Mai.	72	0	0
Ginhoux - Saint - Vincent.	529	18	0	7 Décembre.	2200	0	0
Coste, *Avocat,* a refusé.				14 Mai.	120	0	0
De Groslier.	56	10	0	16 Avril.	[illegible]		
Marignan.	640	11	11	26 Mai.	150	0	0
Bonafoux & son fils.	178	1	0	31 Mai.	216	0	0
Vincent Bruguier.	640	15	1	22 Janvier.	600	0	0
Chaffanis.	39	9	0	7 Septembre 1790.	18	0	0
Lenoir.	141	19	0	18 Février.	750	0	0
Mitier, pere.	203	0	0	13 Avril.	120	0	0
Corraud, a refusé.	624	19	5	21 Février.	400	0	0
Rouviere aîné.	232	0	0	29 Mai.	200	0	0
Viers.	236	1	0				
L'Abbé Cabanel.	70	17	6				
Donnadille & son fils.	358	4	11	19 Avril.	500	0	0
Gevaudan, a refusé.	21	0	0	26 Février.	621	5	0
Figon.	73	1	1	9 Septembre.	18	0	0
Rey.	405	0	0	17 Avril.	600	0	0
Pheline.	178	0	0	22 Janvier.	300	0	0
Descombiés.	592	19	4	19 Avril.	900	0	0
Castant.	261	7	10	19 Avril.	216	0	0
Blanc.	3	10	0	16 Août.	10	0	0
Mercier.	44	0	4	21 Avril.	36	0	0
Soubeiran.	48	2	0	Premier Mai.	72	0	0
Rigot.	104	6	3	22 Avril.	36	0	0
Antoine Gilles.	12	10	0				
Baldi, pere.	18	16	0				
Marcon.	31	5	0	22 Avril.	150	0	0
L'Abbé Lapierre.	402	1	0				
L'Abbé Tempié.	169	5	0	19 Avril.	216	0	0
Cambacerés.	26	7	0	22 Mai.	18	0	0
Briat.	16	6	0				
Chavanier.	204	13	0				
Durand.	90	13	0				
Castinel.							

(*) Les notes relatives à l'imposition ont été prises pour la plupart dans les registres des Citoyens Actifs tenus dans les Assemblées primaires. Plusieurs Membres de la Municipalité payent des Impositions dans d'autres lieux que Nismes. On observera que le plus grand nombre des souscriptions n'ont été faites qu'après le terme du premier paiement ; plusieurs après la nomination de la Municipalité, & quelques-unes même après les troubles du 13 Juin.

N°. IV.

ARTICLES extraits du Préambule des Règlemens imprimés du Club des Amis de la Conftitution de Nifmes.

LEs établiffemens de ce genre feront le plus ferme appui de la révolution. Le Club, en raffermiffant l'opinion publique, facilitera tous les travaux des Corps adminiftatifs; il fera toujours le premier à donner l'exemple & le fignal de l'applaudiffement, quand il verra les Magiftrats du peuple fe vouer fans réferve à leurs honorables fonctions. Un raffemblement d'hommes éclairés, honnêtes, fermes, accordera toujours à des Adminiftrateurs vertueux la feule récompenfe dont ils puiffent être jaloux.

Les queftions qui auront été, ou qui devront être foumifes au jugement de l'Affemblée Nationale, feront examinées & approfondies par des Citoyens qu'elles intéreffent toutes directement, & les principes des décrets fe développeront & s'affermiront ainfi dans tous les efprits.

Des Citoyens, que leurs travaux auffi pénibles qu'utiles, éloignent des affaires publiques, feront éclairés & encouragés par l'établiffement de ce Club, qui répandra gratuitement des inftructions parmi cette claffe intéreffante & nombreufe.

Une correfpondance, avec tous les établiffemens de ce genre, augmentera les lumières des Membres de cette affociation, & formera une chaîne d'inf- tructions & de patriotifme dans toutes les parties de la France.

Enfin, l'égalité qui régnera parmi les Membres du Club, & les égards qu'on y aura pour l'âge, les talens & les fervices rendus à la Patrie, alimen- teront dans l'ame des jeunes gens cette émula- tion patriotique qu'il eft fi important de fortifier; & l'on verra fortir du fein de ces Affemblées des hommes dignes de la confiance de leurs Concitoyens, & de courir un jour la carrière que leur ouvrira le choix libre de leurs Compatriotes.

Nº. V.

PÉTITION préfentée à la Municipalité de Nifmes, par le Club des Amis de la Conftitution, le 16 Avril 1790.

UN grand nombre de Citoyens Actifs de la Ville de Nifmes, Amis de la Conftitution qu'ils ont juré de maintenir au péril de leur vie, prêts à donner l'exemple de leur foumiffion aux ordres des corps adminiftratifs lorfqu'ils feront dans l'efprit de la loi, mais prêts auffi à s'oppofer, par toutes les voies légitimes, à tout ce qui pourroit attaquer la confti- tution & s'écarter de la lettre des décrets, juftement alarmés des atteintes qui leur ont été portées par le règlement de la Municipalité , fur le fait de la légion Nîmoife :

Confidérant que les Décrets acceptés ou fanction-nés par le Roi , ne donnent aux Municipalités , aucune autorité fur le régime des gardes Nationales :

Que ces troupes ne font tenues d'obéir que fur les réquifitions des Corps Adminiftratifs , pour le maintien de la loi :

Que c'eft aux Départemens feuls qu'eft attribué tout ce qui appartient *au fervice & à l'emploi* des gardes Nationales , ainfi qu'il fera réglé par des Décrets particuliers (1) :

Que la Municipalité de Nifmes , ne s'appuyant d'aucun Décret pour établir fon droit de faire des Règlemens pour la Légion Nîmoife , & de l'y affu-jettir , femble convenir elle-même de la vérité de ces principes :

Que l'ancien Confeil Municipal n'a jamais exercé aucune autorité fur la Légion :

Que fi un petit nombre de Membres de l'ancienne Municipalité fut admis , par une élection , dans le Confeil Permanent , ce fut un hommage rendu à la confidération perfonnelle dont ils jouiffoient :

Qu'on ne fauroit fe diffimuler , d'ailleurs , que le Confeil-Général de la Commune s'eft mépris fur le véritable objet de l'armement des Citoyens :

Qu'ils fe font armés pour le maintien de la tran-quillité publique & pour la défenfe des Repréfen-tans de la Nation , lorfqu'ils étoient menacés des violences du defpotifme :

---

(1) Sect. 3 , art. 1 , §. 10 des décrets fur l'établiffe-ment des Corps adminiftratifs.

Que ces faits font confignés dans la Délibération, dans l'Adreffe à l'Affemblée Nationale, du 20 Juillet, & dans la réponfe au Parlement de Touloufe, inférés dans les Procès-Verbaux du Confeil Permanent :

Que les gardes Nationales appartiennent, par les Décrets & par leur Serment, non à une Municipalité particulière, mais à la Nation entière :

Qu'il n'eft permis à aucun Corps Adminiftratif de les délier de ces obligations, ni de les priver de ces fonctions honorables :

Confidérant encore que fi la Municipalité, en réuniffant dans fes mains des pouvoirs incompatibles, a franchi les bornes qui lui font prefcrites ; elle n'a pas moins méconnu, peut-être, les droits de l'Homme & du Citoyen, en exigeant de la Légion des devoirs qui ne lui font pas impofés par les Décrets des Légiflateurs :

Que plufieurs articles de fon Règlement renferment des difpofitions qui pourroient, en opérant une fciffion, produire un effet contraire au deffein de la Municipalité :

Qu'entr'autres l'article 5 ajoute à la formule du Serment, des conditions qui ne font point prefcrites par la Loi :

Que l'article 25 eft deftructeur de toute difcipline & de toute fubordination ; qu'il tendroit à faire prévaloir l'avis d'un petit nombre fur les décifions de la majorité :

Et qu'en rompant tous les liens de la fraternité qui attachent les Citoyens à la chofe publique, il pourroit livrer fa défenfe à l'ufurpation d'une foible minorité :

Que l'article 28 tend à affoiblir la force publique, en la privant d'un grand nombre de fes foutiens :

Qu'enfin, par l'article 29, un Corps Adminiftratif , après avoir , de fa propre autorité , créé des Lois pour la Légion , s'érige de lui-même en Tribunal militaire :

Mais confidérant auffi qu'au moment de l'établiffement d'un nouveau pouvoir , ceux qui en font revêtus , peuvent facilement fe méprendre fur l'étendue de leur autorité & fur le fens des Décrets dont l'exécution leur eft commife :

Ils viennent avec confiance préfenter au Corps Municipal une Pétition refpectueufe , tendante à ce qu'il foit furfis à l'exécution de fon Règlement du 13 Avril , jufqu'à ce que l'Affemblée Nationale ait prononcé fur fa validité :

Et fi , contre l'attente des Citoyens , le Confeil-Général de la Commune perfiftoit à ordonner l'exécution de ce Règlement , ces mêmes Citoyens fe voient dans la néceffité de protefter & de déclarer que les Officiers Municipaux demeureront refponfables des événemens.

Nº. VI.

PÉTITION des Citoyens actifs de la ville de Nifmes , préfentée à MM. les Officiers Municipaux , le 27 Avril 1790.

MESSIEURS,

Autorifés par la Loi , guidés par l'amour du bien public , nous avons cru fatisfaire à l'un de nos devoirs les plus facrés , en vous communiquant nos inquiétudes fur l'effet de votre Règlement pour la Légion

Nîmoife, notre doute fur la légalité de cet acte &
notre vœu d'en voir fufpendre l'exécution jufqu'à la
décifion de l'Affemblée Nationale. Vous n'avez point
eu égard à notre réclamation. Préfidés par un Membre de l'Augufte Affemblée qui règle les droits des
Corps & des Citoyens ; fans doute vous avez trouvé
dans fes lumières une interprétation sûre des Décrets ;
notre attachement à la Conftitution , nous infpiroit
la crainte louable de vous voir, par l'ardeur de votre
zèle , emportés hors de la fphère de vos pouvoirs ;
mais nous trouvons en vous cette fécurité impofante
& cette conftance inébranlable que peuvent feules
donner la juftice & la conviction.

Ce n'eft plus aujourd'hui, Meffieurs, pour porter vos regards fur les bornes de votre adminiftration. C'eft pour les fixer au contraire fur des objets
importans , que vous ne paroiffez pas y avoir
aperçus, que nous venons vous préfenter cette nouvelle Pétition. Elle a pour but de concourir à vos
vues pacifiques, en vous mettant à même de les
remplir.

Votre Délibération du 22 de ce mois, qui défavoue un écrit affligeant pour la Ville de Nifmes,
nous rend bien recommandables vos principes &
vos fentimens. Vous y exprimez l'unanimité de vos
vœux pour la paix. Vous vous y livrez à la douce
confiance d'en avoir été jufqu'à ce jour les heureux
témoins , & les gardiens févères. Eh ! quel bon
Citoyen ne vous rend pas la juftice que vous méritez.
Nous refpectons les motifs qui vous font récrier auprès de la France entière, & du confeil de Nation,
contre les inculpations dont on charge nos Concitoyens. Sans doute c'eft dans l'intérieur d'une famille
que doit refter le fecret de fa méfintelligence : mais
pour en arrêter le cours, pour en prévenir les effèts,

il faut que le chef en connoiſſe à fond , & les détails & les conſéquences.

Convaincus du patriotiſme de vos intentions , de
la ſageſſe de vos penſées , comme de l'inſuffiſance de
vos démarches , nous croyons de notre devoir de
Citoyens de ramener ſur des libelles qui infeɕent
nos foyers , votre attention fixée ſur une brochure
publiée à Paris. Les cœurs ſont diviſés , les eſprits
ſont aigris , les troubles ſe fomentent, & le moment
eſt arrivé , où nouveaux Villars vous devez faire *jurer
vos Concitoyens ſur l'Autel de la concorde de vivre
en amis & en frères*. Que la voix pacifique de quelque
nouveau *Bertrand du Luc* ſe faſſe entendre , & que
Miniſtre d'un Dieu de paix , il calme les craintes
d'un peuple alarmé.

Nous portons ſous vos yeux une triſte lumière :
votre ſageſſe y verra la loi d'un devoir pénible , ſans
doute , mais néceſſaire , mais indiſpenſable.

Pluſieurs écrits anonymes que nous mettons ſous
vos yeux , ayant pour titres : *Pierre Romain aux
Catholiques de Niſmes* ; *Charles Sincère à Pierre
Romain* ; *Réponſe à la Lettre de M. le Duc de
Melfort* ; *Français réveillez - vous* ; *Paul Romain
à Pierre Romain* , & tant d'autres , ont annoncé
ou fait naître des diviſions funeſtes fondées ſur
les différences des opinions religieuſes , ont cherché
à altérer la pureté des principes qui attachent tous
les Citoyens à la Patrie.

Un libelle intitulé : *Avis important à l'armée
Française* vient d'être clandeſtinement répandu parmi les braves ſoldats du Régiment de Guienne , qui
l'ont rejeté avec horreur. Produɕion exécrable &
inſenſée qui ne tend pas à moins que de corrompre
une armée fidelle, dont le patriotiſme éclairé eſt un
des plus fermes appuis de la Conſtitution , & à

tourner contre la Nation même les armes confacrées à fa défenfe.

Des fcènes fcandaleufes , des procédures commencées & fuivies à la diligence du miniftère public, conftatent des querelles affligeantes , des attentats prémédités , fruit douloureux de tant d'écrits condamnables.

Une diftinction alarmante s'établit entre nos Concitoyens ; des qualifications contraires défignent les enfans d'une même Patrie, les adorateurs d'un même Dieu , des Français & des Chrétiens.

Egarés dans leurs principes & dans leurs intentions , quelques Légionnaires fe permettent de fubftituer à la cocarde nationale un nouveau figne de ralliement.

Tableau déplorable pour des amis de l'ordre & de la paix, liés à tous leurs concitoyens par les fentimens inaltérables de la plus tendre fraternité, pour de bons patriotes invariablement attachés à la Conftitution par le ferment le plus folennel , foumis aux décrets de l'Affemblée Nationale , fidelles à leur Roi , & pénétrés d'amour , d'admiration & de reconnoiffance pour fes vertus & fes bienfaits.

Nos principes puifés dans la loi , ne peuvent qu'être applaudis par des adminiftrateurs créés par elle. Vous verrez donc comme nous, Meffieurs, avec indignation , qu'un grand nombre de citoyens adoptent fous vos yeux d'autres maximes, les expriment dans des adreffes & cherchent à les propager.

Et puifqu'il en exifte qui méconnoiffent les avantages infinis de la plus belle & de la fage de toutes les conftitutions, c'eft à vous à les en convaincre. Vous leur retracerez les heureux changemens qui en font déjà le fruit pour tout le peuple Français ;

çais, & sur-tout pour cette classe qu'on égare avec tant de facilité, & qu'on éclaire avec tant de peine, même par le bien qu'on lui fait. Vous l'intéresserez à l'achevement prochain de la Constitution.

Vous lui direz que le soldat devenu citoyen, & admissible à tous les grades, passe d'une paye insuffisante à un traitement avantageux & justement mérité.

Vous lui direz que l'artisan trouve dans la suppression des droits sur les cuirs, sur le fer, sur l'amidon, sur les huiles & savons, & de tant d'autres non moins onéreux, les moyens assurés d'une existence plus commode.

Vous direz à l'ouvrier que bientôt le commerce débarrassé de ses entraves, reprendra une nouvelle activité, & que l'abondance du numéraire favorisée par la circulation des assignats, ramènera certainement la prospérité dans nos fabriques.

Vous direz à l'agriculteur que le tirage forcé de la milice ne sera plus un impôt pour lui, & une désolation pour sa famille.

Qu'il ne sentira plus cette contrainte des banalités, ce poids de toutes les servitudes féodales.

Que dès l'année prochaine l'abolition absolue de l'impôt désastreux de la dîme, accroîtra considérablement ses revenus, & la valeur de ses propriétés.

Vous direz à tous que la suppression de la gabelle, non moins favorable à l'habitant des villes qu'à celui des campagnes, soustrait les familles les plus indigentes à une charge de plus de 12 liv. par année; charge qu'aucune contribution ne sauroit jamais remplacer pour elles.

Que tous les priviléges sont anéantis, que les impositions sont réparties proportionnellement sur tous sans distinction.

Qu'ils ont acquis le droit de se nommer leurs

repréfentans & leurs Magiſtrats ; d'entrer dans toutes les adminiſtrations.

Que les réformes les plus juſtes & les plus févères leur aſſurent une diminution fenfible & prochaine
dans les impôts & garantiſſent une amélioration
certaine dans leur exiſtence. Et vous Chef du corps
Municipal ; vous qui, coopérateur des travaux de
l'Aſſemblée Nationale , & témoin de fon union in-
time avec un Monarque adoré , avez entendu les
plus belles paroles qui foient jamais forties de la
bouche d'un Roi ; vous qui nous avez retracé d'une
manière fi touchante , ce difcours à jamais mémo-
rable qui garantit la Conſtitution, & fcelle notre
bonheur , ne permettez pas qu'on publie autour de
vous , que le Reſtaurateur de la liberté françaiſe
n'eſt pas libre ; démentez des aſſertions injurieuſes
aux Repréfentans de la Nation.

Réuniſſez votre zèle , Adminiſtrateurs de la Cité ;
nous devons vous dire comme de vrais amis de la
Patrie & de nos Concitoyens , que les circonſtances
exigent aujourd'hui de vous une démarche authentique. Nous la demandons avec cette inſtance refpectueufe que néceſſite l'intérêt dont nous nous
occupons , & le caractère dont vous êtes revêtu.

Qu'une Ordonnance émanée de votre autorité
défapprouve ces écrits marqués au coin de la difcorde & de l'impoſture que nous vous faifons connoître. Que les auteurs des querelles funeſtes dont
nous gémiſſons foient recherchés & pourfuivis ; que
ces dénonciations injurieuſes qui féparent & outra-
gent les Citoyens , foient interdites & punies. Enfin que chacun apprenne à refpecter la loi qui le
protège , & les biens facrés de la fociété qui font
fon bonheur.

Tous les amis de l'ordre & de la Conſtitution ,

atrendent avec la plus vive follicitude, ce fage & jufte exercice de votre autorité. Suivent ici les fignatures de cent foixante-deux Citoyens actifs.

Nᵒ. VII.

PÉTITION à Meſſieurs les Officiers Municipaux.

Le 14 Mai 1790.

MESSIEURS,

Les Citoyens actifs compofant le Club des Amis de la Conftitution, font inftruits que les principales Villes du Département demandent la tranflation de l'Affemblée Électorale accordée à Nifmes par les décrets ; elles ont pour motif que les mouvemens populaires qui agitent la Ville, comprometttoient la fureté de leurs Electeurs & la liberté de leurs fuffrages. Nous croyons devoir aux intérêts de la Ville, de mettre fous les yeux du Corps Municipal combien il importe d'arrêter promptement l'effet de ces démarches : il ne peut y parvenir avec certitude qu'en rendant la fécurité à tous les efprits par des mefures rigoureufes & publiques pour affurer dans nos murs l'ordre & la tranquillité. Au mépris des Ordonnances, au mépris des conventions générales, qui font la force de la Légion, il eft de toute notoriété qu'il fe fabrique depuis plufieurs femaines des fourches dans divers ateliers, & notamment chez le fieur Cœffé, Serrurier, demeurant dans la rue du Cyprès ; armes perfides & prohibées , qui fe tranfportent en plein jour par centaines. On affure en outre que malgré votre Ordonnance qui interdit toute autre cocarde que la Nationale , il s'en pré-pare un grand nombre de noires furmontées de croix blanches. D'après des faits & des bruits femblables , il n'eft point étonnant que les étran-gers craignent pour leur fureté dans nos murs. Nous vous dénonçons, MESSIEURS, cet événement qui ne peut que faire préfumer de coupables def-feins , & qui eft une infraction manifefte à la loi. Animés par l'intérêt général de cette Ville , & fur-tout de la claffe indigente de fes Habitans , qui trouvera dans le féjour de cinq cents Electeurs , des reffources nouvelles & fi précieufes dans ces circonftances , nous ne doutons point que nos Ad-miniftrateurs n'accueillent avec intérêt l'avis que nous leur donnons , & n'emploient toute leur au-torité pour faire ceffer les caufes d'une alarme générale , auffi fondée que fon effet nous feroit funefte. La multiplicité des travaux auxquels le Corps Municipal fe livre , donne le droit aux bons Citoyens de l'avertir de tout ce qui pourroit avoir échappé à fes foins , & leur permet de comp-ter fur fa reconnoiffance.

Nº. VIII.

DÉCLARATION faite par M. Aubary , au fujet des Cocardes noires.

PASSANT chez un de mes amis , nommé Gay , fon époufe me dit qu'on venoit de lui dire qu'il fe fabriquoit des cocardes noires avec une croix blanche chez le fieur Veiffiere, près l'Horloge.

Mon frère, réfidant à Avignon depuis plufieurs années, fe trouvoit avec moi dans ce moment; il devoit repartir le lendemain, & témoigna le défir d'emporter par curiofité une de ces cocardes. En effet, le lendemain matin, mon frère dit à mon Commis, nommé Avit, d'aller lui en chercher une à l'adreffe qu'on m'avoit indiqué. Il fut chez le fieur Veiffiere, & parlant à lui-même, lui demanda s'il avoit des cocardes noires de faites : il lui répondit qu'ouï. N'en avez-vous pas, reprit-il, comme celles *qui fe fabriquent à préfent*, en faifant fur fa main le figne d'une croix ? Le fieur Veiffiere lui répondit qu'il alloit être fervi, & il lui en fit une tout de fuite, qu'il lui remit moyennant dix fous & demi. Le Commis la porta à mon frère. Celui-ci avoit des affaires chez M. J. André; nous y fûmes enfemble, & dans la converfation lui fîmes voir cette cocarde. Dans le moment M. Vincens-Valz, Officier Municipal, entra chez M. André, & voyant cette cocarde, nous demanda comment nous nous l'étions procurée : je le lui contai de la même manière dont je l'attefte ici.

A U B A R Y , figné.

N.º IX.

E x t r a i t d'acte expofitif.

L'A N mil fept cent quatre-vingt-dix , & le vingt-uniéme jour du mois de Septembre par nous Antoine Mourgue Huiffier Royal à l'Amirauté d'Aigue-mortes, habitant à Nifmes, fouffigné : à la requête de fieur Jean Pons, bourgeois, habitant de la ville de Nifmes où il a domicile, a été expofé au fieur Berdincq Secrétaire-Greffier de la Commune dudit Nifmes, qu'il ne peut difconvenir que depuis environ les 15 ou 20 Avril 1790, ledit fieur Pons a été fréquemment & prefque journellement devers le Greffe de la Municipalité, non feulement en fa qualité de citoyen actif, mais encore, comme Commiffaire du Club des Amis de la Conftitution, établi en cette Ville, pour vérifier tout ce qui pouvoit intéreffer les citoyens de la Ville, relativement à l'adminiftration de la Municipalité, & du Confeil général de la Commune ; que dans toutes les occafions, ledit fieur Pons a agi avec honnêteté & modération, ce qui a été réciproque de la part du fieur Berdincq, & de celle de fes Commis : cependant on a répandu le contraire ; & comme il importe audit fieur Pons, & au Club des Amis de la Conftitution, de manifefter avec authenticité la vérité, ledit fieur Berdincq eft fommé & requis, de déclarer en réponfe au préfent acte, s'il n'eft vrai, 1°. que ledit fieur Pons a été conftamment l'un des Commiffaires du Club des Amis de la Conftitution, pour vérifier les regiftres de la Municipalité ; 2°. fi chaque fois il n'a été obfervé, que fi aucun defdits regiftres, étoient occupé, on attendroit qu'ils fuffent libres ; 3°. fi en effet aucun defdits regiftres, n'a été vérifié qu'autant qu'ils étoient parfaitement libres ; 4°. fi chaque fois, ou du moins prefque toujours, ledit fieur Pons n'a fait les vérifications, en fe tenant debout, appuyé fur un étage où font placés les regiftres du compoix, malgré qu'il fût preffé de prendre place à l'un des bureaux du Greffe, à quoi il fe refutoit, crainte de porter la moindre incommodité ; 5°. enfin, s'il n'eſt faux que ledit ſieur Pons, ait détenu aucun regiſtre, non plus qu'aucun autre Commiſſaire, quoique les Officiers Municipaux, ou les Greffiers, en euſſent beſoin ; & en refus, ou défaut par ledit ſieur Berdincq de répondre ſur chacun deſdits faits, il lui eſt proteſté, qu'il ſera actionné en juſtice pour s'y voir condamner, lui ayant baillé copie de cet exploit en parlant à lui-même dans l'un des bureaux du Greffe de la maiſon Commune ; en foi de ce, lequel en recevant copie a répondu, qu'ami de la vérité & voulant lui rendre hommage, il s'empreſſe de déclarer authentiquement que les cinq faits articulés dans l'acte qui lui eſt ſignifié, ſont de toute ſincérité, requis de ſigner, ce qu'il a fait. Berdincq & Mourgue *ſignés.* Contrôlé à Niſmes le 24 Septembre 1790 ; douze ſols neuf deniers : Chabaud, *ſigné.*

Nº. X.

ADRESSE du Directoire du Département du Gard, à l'Aſſemblée Nationale.

Du 25 Septembre 1790.

MESSIEURS,

Tandis que, par des travaux conſtans & un zèle qui ne ſe rebute d'aucun obſtacle, les Membres du Directoire du Département du Gard s'efforcent de concourir à vos vues bienfaiſantes, & d'établir, dans cette malheureuſe Contrée, la concorde & la paix, ſur les baſes de la juſtice & de la modération, ils

E 4

ont la douleur de voir leurs bonnes intentions con-
trariées & leurs mesures traversées par des hommes
à qui leur place impose le devoir rigoureux de les seconder.

On affecte de répandre ici dans le public une
Adresse à l'Assemblée Nationale, faite au nom de
MM. Duroure, Razoux, Ferrand-Demissol, Pontier, Fornier, Grelleau, Officiers Municipaux, &
Boyer, Substitut du Procureur de la Commune de
Nismes ; écrit bien propre à réveiller toutes les haines
& à exciter de nouveau la fermentation des esprits
sur des événemens dont tous les Citoyens sages &
honnêtes voudroient anéantir jusques à la mémoire.

Laissant les Officiers Municipaux de Nismes se dé-
battre sous la main de la loi, & plein d'assurance
dans l'auguste Tribunal qui va prononcer leur arrêt,
le Directoire du Département du Gard n'entreprend
point ici l'examen des allégations qu'ils employent
pour leur défense. L'Assemblée Nationale saura bien
discerner des vrais patriotes, ceux qui en empruntent
le masque tardif & trompeur, & son jugement,
en frappant sur les vrais coupables, consolidera bientôt l'opinion publique.

Le Directoire du Département du Gard se borne
en ce moment, à repousser une inculpation particulière au Corps Administratif. Peut-être eût-il fallu
qu'il ne s'abaissât pas à relever une imputation qu'il
méprise : mais quel est l'homme, quel est le corps
qui peut se dire au-dessus de la calomnie ? Les Administrateurs ne doivent laisser aucun doute sur leur
conduite aux yeux des Représentans de la Nation :
ils doivent confondre l'audace de tous ceux qui cherchent à leur aliéner la confiance des peuples.

On lit dans l'Adresse des six Officiers Municipaux
de Nismes, que *certains malveillans répandoient en*

Province , & fur-tout à Paris , des libelles incen-diaires contre la Municipalité ; & parmi ces libelles , on trouve défigné dans une note *le récit des événe-mens arrivés à Nifmes les* 13 , 14 , 15 , 16 , 17 *Juin* 1790 (1).

Ce récit *adreffé au Roi & à l'Affemblée Nationale par les Commiffaires de l'Adminiftration du Départe-ment du Gard* , fut rédigé par l'Affemblée admi-niftrative elle-même , dans fa première féance , & de l'ordre exprès de l'Affemblée Electorale. Tous les faits qui y font confignés furent fcrupuleufement exa-minés. Chaque phrafe , chaque mot , furent févére-ment difcutés. Le Corps adminiftratif jugea qu'il de-voit fe renfermer dans un énoncé exact de ce qui s'étoit paffé fous fes yeux ; il s'abftint de tout raifon-nement , de toute réflexion , & voulut que fon pre-mier pas dans l'honorable carrière qui venoit de lui être ouverte , fût marqué du fceau de l'impartialité. Le menfonge eft audacieux & violent ; la vérité doit être fimple & calme.

Le Directoire du Département du Gard attefte donc que le récit adreffé au Roi & à l'Affemblée Nationale par les Commiffaires du Département , eft exact & fidelle dans fon entier : il attefte que tout fait contradictoire à ceux que ce récit renferme , eft une erreur ou un menfonge.

Fidelles au fyftême de douceur & de modération qu'ils ont embraffé , les Membres du Directoire du Département du Gard n'ont pas voulu , MESSIEURS , ufer des moyens que vos loix leur confient , pour rappeler à leur devoir des Magiftrats qui s'en font

---

(1) Voyez l'Adreffe à l'Affemblée Nationale , faite par fix Officiers Municipaux de Nifmes , pag. 5 , note 2.

ſi étrangement écartés. Contens d'avoir dévoilé l'im-poſture, ils ſe repoſent , avec confiance , ſur l'équité de l'Aſſemblée Nationale , & ſur l'opinion des Ci-toyens qui les ont choiſis.

Nous finirons par faire obſerver à l'Aſſemblée Nationale combien il eſt important qu'elle faſſe promptement connoître ſa déciſion ſur l'affaire de la Municipalité de Niſmes. L'incertitude du juge-ment nourrit les eſpérances & les animoſités , & laiſſe les Corps adminiſtratifs dans la poſition pé-nible d'avoir des rapports néceſſaires & journaliers avec des Magiſtrats qu'ils ne peuvent traiter comme coupables , ni regarder comme innocens.

Nous ſommes avec un profond reſpect ,

MESSIEURS,

Vos très-humbles & très-obéiſſans ſerviteurs ,

Les Administrateurs *compoſant le Directoire du Département du Gard.*

Signés , CHABAUD , Vice-Préſident ; VIGIER ; BARAGNON ; LECOINTE ; SAUVAIRE ; J. JU-LIEN TRELIS ; MENARD ; GRIOLET , Procu-reur-Général-Syndic.

Rigal , Secrétaire-Général.

N°. XI.

PREMIERE PIECE.

Extrait d'une Délibération du District de Sommières.

L'An mil sept cent quatre-vingt-dix, & le vingt-cinquième jour du mois de Mai après midi, dans la Salle de l'Hôtel-de-Ville de la Ville de Sommières.

Les divers Cantons du District de ladite Ville assemblés par Députés, en présence de M. de Roux son Maire, nommé Président par acclamation, ayant pris en considération les troubles qui agitent quelques Cantons du Département du Gard, & principalement Nismes, où les ennemis de la paix & du bien public s'efforcent d'arrêter les effets de l'heureuse révolution, d'où la France attend son bonheur & sa régénération.

Considérant que ces ennemis du bien public font mouvoir les perfides ressorts du fanatisme pour exciter une guerre civile, & parvenir par ce moyen odieux à leurs détestables fins.

Considérant qu'ils affectent de vouloir faire une guerre de Religion, de ce qui dans le fait, n'est que le choc de l'intérêt particulier qui lutte contre le bien public, & que cette révolution, d'où dépend le salut de l'Etat, est défendue par tous les bons Français.

Considérant que dans la Ville de Nismes existe ce foyer de fanatisme ; que l'Aristocratie seule met en jeu , & que cependant c'eft actuellement le rendez-vous des Electeurs défignés par l'Affemblée Nationale pour la formation du Département.

Confidérant combien cette Affemblée, dans cette circonftance pourroit être troublée dans fes opérations, foit pour la liberté des fuffrages , foit pour fa fûreté individuelle.

L'Affemblée ayant pris ces différens objets en mûre confidération , & voyant le danger que courent fes Electeurs, en fe rendant dans une Ville, où le défordre qui y règne annonce la préfence indubitable d'un grand nombre de mauvais Citoyens, a unanimement délibéré de former un cantonnement dans les environs du territoire de Nifmes pendant la durée de l'Affemblée des Electeurs, à l'effet de veiller à la fûreté de fes Députés, dont la confervation leur eft chère ; & pour affurer la pleine liberté des élections , que des mal-intentionnés pourroient troubler.

L'Affemblée du Diftrict a délibéré d'inviter tous les Diftricts du Département du Gard , de prendre en confidération la conduite du Diftrict de Sommières , perfuadé que liés par les mêmes intérêts , ils prendront dans cette circonftance, & à fon exemple, les moyens que leur prudence & leur fageffe leur fuggéreront.

A délibéré que le quartier général feroit établi à Boiffières , & les cantonnemens dans les Villages circonvoifins ; que fur le rapport fait à M. de Bonnafoux , Général de l'Armée du Diftrict , par les Commiffaires ci-après nommés ; des renfeignemens qu'ils auront fur la quantité des Gardes Nationales , que les Villages qui environnent Boiffières pourront contenir , il fera autorifé à déterminer ce cantonnement , & en fixera l'époque au quatre du mois de

Juin prochain, pour tenir jusqu'à l'inftallation du Département.

La même Affemblée a choifi dans chacun de fes cantons deux Commiffaires, à l'effet de prendre des renfeignemens dans les Villages qui avoifinent Boiffières, fur la quantité des Gardes Nationales que l'Armée du Diftrict peut y cantonner, & pour enfuite faire le rapport au Général, qui fera chargé defdits cantonnemens, & a nommé pour cet effet ; pour le canton de Sommières, M. le Prieur, Maire d'Aujargues, & Louis - Valentin, Bourgeois de Junas ; pour le canton de Calviffon, Mrs. Mazoyer de Bizac, & Nourit, père, de Congeniés ; pour le Canton de Saint-Mamert, Mrs. Brouve & Valord de Combas ; pour le canton de Quiffac, Mrs. Aldebert de Liou & Jalaguier, Notaire de Quiffac ; & pour le canton d'Aigues-vives, Mrs. Granon, Procureur de la Commune dudit Aigues-vives, & Bruneton, Procureur de la Commune du grand Gallargues.

Arrête en outre, que la préfente Délibération fera imprimée, qu'extrait en forme en fera envoyé aux auguftes Repréfentans de la Nation, comme un hommage du refpect du Diftrict, qui n'oferoit fe permettre aucune démarche fans leur faire connoître la pureté de fes principes, qui ne tendent qu'à affurer l'exécution de leurs Décrets, fanctionnés ou acceptés par le Roi.

SECONDE PIECE.

EXTRAIT d'une *Proclamation du Corps Municipal de Niſmes, du 31 Mai 1790.*

LE CORPS MUNICIPAL , toujours religieux obſervateur du Serment Civique qu'il a prêté , & ſans ceſſe occupé à maintenir la concorde & la paix, & à faire exécuter les Décrets de l'Aſſemblée Nationale :

Conſidérant que la Délibération priſe le 25 de ce mois par le Diſtrict de Sommières , pourroit porter atteinte à ces Décrets , & au calme qui a ſuccédé aux orages du deux & du trois de ce mois;

Qu'il eſt de ſon devoir de prévenir les inconvéniens qu'elle feroit naître , ſi elle inſpiroit des craintes dans les différens lieux du Département où elle a été envoyée ;

Que cette Délibération ſemble contrarier les vues & les principes de l'Aſſemblée Nationale.

Ses vues, parce qu'en mettant des entraves à l'Aſſemblée Electorale , elle éloignera la formation du Département , & retardera en conſéquence les progrès de la Conſtitution.

Ses principes, parce qu'ils ont toujours été que les Repréſentans du Peuple, comme les Repréſentans de la Nation , ſoient parfaitement libres dans leurs ſuffrages , ce qui ne ſauroit être à la vue d'un Camp qui peut les inquiéter , *comme celui de Verſailles* , diſſipé par le courage héroïque de nos Repréſentans , inquiétoit l'Aſſemblée Nationale.

Conſidérant, enfin, que , d'après les diſpoſitions

du Diſtrict de Sommières , il ne faudroit qu'une fauſſe alarme , ou un faux rapport , donné , ou fait par quelque homme méchant ou inconſidéré , pour attirer à Niſmes les Troupes du Camp de Boiſſières & des cantonnemens établis dans les Villages des environs.

LE CORPS MUNICIPAL a délibéré de faire imprimer & publier la préſente Proclamation, d'en adreſſer un extrait à M. le Préſident de l'Aſſemblée Nationale , & de le ſupplier de la mettre ſous les yeux de cette Auguſte Aſſemblée , pour lui donner connoiſſance de la démarche que vient de faire le Diſtrict de Sommières.

D'en envoyer d'autres extraits à M. *de Roux*, Maire de Sommières , à M. *Legrand* , Prieur & Maire d'Aujargues , Préſident & Commiſſaire , nommés par la Délibération , & à M. *de Bonafous*, Général du Camp de Boiſſières , & de leur déclarer, ainſi qu'à tous ceux qui peuvent compoſer ce Camp , ou tous autres , *que le Corps Municipal les rend perſonnellement reſponſables des événemens.*

Défend à tous ceux qui feront partie du Camp de Boiſſières & autres , de paroître armés ou attroupés pendant la tenue de l'Aſſemblée Electorale , ni dans aucun autre temps , ſur le territoire de la Municipalité de Niſmes , *ſous peine d'être pourſuivis comme perturbateurs du repos public.*

Et pour empêcher qu'on puiſſe dire que les Citoyens de Niſmes ont provoqué la venue des gens armés du Camp de Boiſſières & des cantonnemens, le Corps Municipal fait très-expreſſe défenſe à tous les Citoyens, quels qu'ils puiſſent être , autres que ceux requis pour les patrouilles ordinaires , de paroître en armes dans aucun endroit de la Ville ni du territoire de la Municipalité de Niſmes.

Prend d'hors & déjà MM. les Electeurs fous fa fauve-garde fpéciale, & leur promet d'employer tous les moyens qui feront en fon pouvoir pour rendre leurs perfonnes inviolables.

Exhorte tous les Citoyens à leur prouver par leurs attentions, que perfonne ne défire plus vivement qu'eux, de conferver la paix & la concorde, de vivre en frères & de contribuer à faire exécuter promptement les Décrets de l'Affemblée Nationale, fanctionnés par le Roi.

TROISIEME PIECE.

EXTRAIT d'une Délibération du Diftrict de Sommières, Département du Gard.

L'A N mil fept cent quatre-vingt-dix, & le troifième juin après midi, dans la Maifon Commune de la Ville de Sommières, les Députés des différens cantons du Diftrict de ladite Ville, Département du Gard, y étant affemblés, en préfence & fous la préfidence de M. DE ROUX, Maire de la même Ville, à l'effet de nommer un Confeil, & pour diriger le cantonnement déterminé par fa Délibération du vingt-cinq Mai dernier, pour le quatre du courant, aux environs de Boiffières, dans notre Diftrict, & pourvoir à la fubfiftance des Gardes Nationales qui doivent s'y trouver, MM. DE ROUX Préfident, PUECH & LEGRAND, Commiffaires nommés, ont remis fur le Bureau une Proclamation du Corps Municipal de la Ville de Nifmes, en date du 31 dudit mois de Mai, & plufieurs lettres

de

de différens Districts du Département, requérant de délibérer.

SUR QUOI l'Assemblée, après en avoir entendu lecture, considérant que la Municipalité de Nismes a donné à la Délibération prise le 25 Mai par le District, une interprétation contraire à la pureté de ses principes, & des sentimens de fraternité qui l'animent ;

Considérant que, bien-loin de porter atteinte aux Décrets de l'Assemblée Nationale, comme la susdite Proclamation le donne à entendre, le District de Sommières n'a eu d'autre but que d'en assurer l'exécution, & de prévenir les orages dont l'Assemblée des Electeurs lui paroissoit menacée ;

Considérant que, bien-loin de contrarier les vues & les principes de l'Assemblée Nationale, il n'a tenu, par sa Délibération, qu'à les seconder de tout son pouvoir, & que c'est la mal saisir, que d'y trouver l'intention seulement apparente de mettre des entraves à l'Assemblée des Electeurs, & de gêner la liberté des suffrages ;

Considérant que le cantonnement patriotique du District ne sauroit souffrir la comparaison que le Corps Municipal de Nismes se permet d'en faire avec le Camp de Versailles, rassemblé par les ennemis du bien public ;

Considérant qu'on ne peut prêter au District d'autres dispositions que celles de concourir, avec les Municipalités du Département, à la liberté des suffrages & à la sûreté de l'Assemblée des Electeurs ;

Considérant que l'Assemblée Nationale ne sauroit improuver une démarche qui ne tend qu'à la prompte exécution de ses Décrets, & qui correspond parfaitement avec les intentions que le Corps Municipal de Nismes manifeste aujourd'hui dans sa Proclamation ;

F

Confidérant que , dans un moment où la Ville de Nifmes devient commune à tout le Département, les amis de la chofe publique ne fauroient être arrêtés dans leur zèle à ramener l'ordre & la paix dans les lieux d'où les ennemis du bien public s'efforceroient de les bannir ;

Confidérant que , dans un cas femblable , il feroit bien étonnant que la Municipalité de Nifmes voulût exécuter la défenfe & les menaces de pourfuivre , comme perturbateurs du repos public , ceux du cantonnement de Boiffières & autres qui paroîtroient armés dans leur territoire , pour feconder le défir du Corps Municipal ou de l'Affemblée des Electeurs , de maintenir la concorde & la paix , & pour les y rétablir en cas que les ennemis du bien public parvinffent à la troubler ;

Confidérant que le Corps Municipal de Nifmes auroit mieux jugé les fentimens fraternels du Diftrict , s'il n'avoit aperçu , dans la démarche d'établir un cantonnement à Boiffières , que le défir de voir réalifer fans obftacles une réunion qui avoit fait l'objet de fes réclamations à l'Affemblée Nationale , & de cimenter toujours plus avec les bons patriotes de la Ville de Nifmes , cette alliance contractée avec eux par le chef-lieu de notre Diftrict , au mois de Juillet dernier , dont le fouvenir ne s'effacera jamais de nos cœurs , & dont les devoirs nous feront toujours facrés ;

Confidérant que le Corps Municipal de Nifmes ne fe feroit pas élevé contre la démarche du Diftrict de Sommières , s'il avoit fait attention :

1°. Que les défordres dont la Ville de Nifmes a été le théâtre , font trop notoires & trop affligeans, pour que le Diftrict négligeât aucun des moyens qui lui paroiffoient propres à prévenir de nouveaux troubles :

2°. Que le silence de la Municipalité de Nifmes, fur des écrits incendiaires fabriqués dans cette Ville, diftribués dans la Province & dans prefque toutes les Villes du Royaume, devoit néceffairement laiffer le Diftrict de Sommières dans la perfuafion qu'en partageant l'indignation générale, qui, de toutes parts a éclaté contre ces écrits fcandaleux, la Municipalité de Nifmes n'ofoit faire ufage de fon autorité contre ceux de fes Concitoyens, qui abufant de la crédulité d'un peuple nombreux, vouloient faire d'une religion de paix le prétexte d'une guerre civile :

3°. Que le Diftrict avoit été confirmé dans cette idée, par la réquifition du fieur Vidal, Procureur de la Commune de Nifmes, & la Délibération du Confeil-Général de ladite Commune, en date du treize Mai dernier, qui avoit été envoyée aux Municipalités, dans lefquelles on annonce « comme » rompus, les liens qui uniffoient jadis les habitans » de la même Cité, une ligue formée dans la vue » de croifer les opérations, laffer la vigilance, ca- » lomnier les principes, même le bien que la Mu- » nicipalité devoit faire ; l'envie perdant de vue le » refpect dû à fes intentions, à fes difcours & à » fes démarches ; des Citoyens fans défenfe, at- » taqués par des hommes armés, la fûreté publique » violée, le fang répandu, la crainte & la confter- » nation peintes fur tous les fronts, le flambeau de » la guerre civile allumé, l'efpoir de voir dévoiler » des myftères affreux aux yeux de l'Europe ; des » factieux, des complots, des machinations, des » confpirations dénoncées à M. le Procureur du Roi » à la Sénéchauffée, &c ».

4°. Que d'après ces récits affligeans, le Diftrict de Sommières devoit néceffairement partager les craintes que les Citoyens de Nifmes éprouvèrent dans

lès journées des deux & trois Mai , dont la Municipalité , fur la réquifition de quelques Chefs de la
Milice Nationale , fut prévenir les fuites comme elle
auroit infailliblement prévenu le plácard par lequel
lès Amis de la Conftitution étoient menacés , fi
l'importance & le nombre de fes occupations ne lui
en avoient dérobés la connoiffance , lors même que
ce placard étoit déjà dépofé au Greffe criminel.

5°. Que le Diftrict de Sommières , qui ne pouvoit fe diffimuler l'exiftence d'un fait qui avoit échappé
à l'œil clairvoyant du Corps Municipal de Nifmes ,
auroit cru manquer effentiellement , en négligeant
les précautions qui lui étoient fuggérées par fon patriotifme , pour épargner à ce Corps refpectable la
douleur qu'il n'auroit pas manqué de reffentir , fi ,
à l'époque de l'Affemblée du Département , & à
fon infçu , les ennemis du bien public avoient tenté
d'exécuter leurs menaces & fait de nouveaux efforts
pour troubler la tranquillité publique , élever des
obftacles à l'exécution des Décrets , & compromettre ainfi (toujours à l'infçu du Corps Municipal de
Nifmes) la fûreté des Electeurs ;

Confidérant enfin , qu'il ne falloit rien moins que
la promeffe de MM. les Commiffaires du Roi à MM.
les Officiers Municipaux de la Ville de Saint-Efprit ,
de transférer l'Affemblée en cas de trouble , & l'affu-
rance que le Corps Municipal de Nifmes nous donne
des mefures qu'il a prifes , propres à nous tranquilli-
fer fur les Electeurs & la liberté de leurs opérations ,
pour fufpendre les craintes du Diftrict de Sommières , qui lui avoient fait prendre des précautions qui
tendoient à la même fin.

Toutes ces confidérations mûrement pefées , l'Affemblée ne doutant pas de l'influence du Corps
Municipal fur l'efprit des habitans de la Ville de

Nifmes , & du fuccès des moyens qu'il fe propofe de mettre en œuvre pour prévenir de nouveaux défordres , pénétrée des fentimens de fraternité , a unanimement délibéré :

Que fans fe départir des difpofitions où eft le Diftrict de Sommières de tranfporter fes forces partout où le défordre les rendroit néceffaires à la tranquillité publique fur les réquifitions légales , il renonce au cantonnement projeté aux environs de Boiffières , & que , comme en cas d'événement , il ne fera pas à portée de donner un fecours auffi prompt qu'il le défireroit , les Délibérans *rendent la Municipalité de Nifmes garante & refponfable de tous ceux que le cantonnement du Diftrict de Sommières , de concert avec elle , avoit en vue de prévenir.*

Délibère , en outre , que la préfente fera imprimée ; qu'extrait en forme en fera envoyé à M. le Préfident de l'Affemblée Nationale , à la Municipalité de Nifmes, à M. Bonafoux , Général de l'armée du Diftrict , & par-tout où befoin fera , pour juftifier auprès de cette Augufte Affemblée la conduite du Diftrict de Sommières , & effacer les impreffions défavorables qu'on auroit pu donner à une démarche dictée par le plus pur patriotifme , & donne pouvoir aux Commiffaires nommés par fa Délibération du vingt-cinq Mai dernier , de donner cours aux exemplaires.

N°. XII.

EXTRAIT d'une Délibération du 17 Mai, prise dans le Conseil-Général de la Commune de Nismes.

Monsieur de Labaulme, Officier Municipal, ayant le dévolu, a dit :

» Si dans ces momens difficiles, une dénonciation
» étoit permise à des Citoyens appelés à la tête
» d'une Commune importante par le choix libre de
» leur Concitoyens, seul dédommagement des
» peines dont leur carrière est parsemée, ils vous
» dénonceroient, NOSSEIGNEURS, un Club qui
» entretient dans nos murs un foyer de division &
» de discorde ; un Club qui, sous l'honorable nom
» d'Ami de la Constitution, en sappe les fonde-
» mens, puisqu'il réunit tous ses efforts pour trou-
» bler la paix & armer les Citoyens les uns contre
» les autres ; un Club dont la plupart des Membres
» ayant vainement concouru pour les Places d'Offi-
» ciers Municipaux, exhalent leur injuste haine par
» des écrits dans lesquels la réputation des hommes
» les plus honnêtes se trouve compromise ; un Club
» qui, cherchant moins à surveiller la Municipalité
» qu'à l'inquiéter, vient de lui dénoncer des cocar-
» des noires, qu'un Membre de ce Club, qui a
» signé la pétition avoit seul commandées ; un Club,

» enfin , dont plufieurs d'entre ceux qui le compo-
» fent font griévement inculpés dans les émeutes
» des deux & trois de ce mois. Voilà des faits ,
» NOSSEIGNEURS, qui doivent déjà avoir été mis
» fous vos yeux , & qu'il eft facile de juftifier par
» les preuves que nous poffédons.

EXTRAIT de Verbal d'aveu d'une lettre miffive.

L'AN mil fept cent quatre-vingt-dix & le famedi
vingt-cinquième jour du mois de Septembre , heure
de neuf du matin , pardevant nous Jean-Louis For-
nier-Meyrard , Confeiller du Roi , Juge Magiftrat en
la Sénéchauffée & Siége Préfidial de Nifmes , exer-
çant le dévolu dans notre Hôtel , affifté de Domi-
nique Nicolas , Greffier en la Cour duement affer-
menté :

Eft comparu Blanc-Pafcal , Procureur au Siége ,
faifant pour le fieur Rabaut Dupuy , Bourgeois de
cette Ville , agiffant en qualité de Préfident du Club
des Amis de la Conftitution établi en cette Ville qui
a dit : que par l'exploit du jour d'hier de Mourgues
Huiffier , contrôlé , fadite partie a fait affigner pardevant nous aux préfens jours, lieu & heure, M. de
Labaulme , Chevalier de St. Louis & Officier Municipal dudit Nifmes , pour faire l'aveu de la lettre par
lui écrite le quatre Juillet dernier au Préfident du
fufdit Club , requérant qu'il nous plaife , &c.

Suit la teneur de ladite lettre : « Monfieur le
» Préfident , profondément affecté de ce qui s'eft
» paffé chez moi le mardi quinze Juin dernier au

» ſujet d'une lettre de M. le Maire d'Arles , adreſſée
» à Meſſieurs du Club ; inſtruit que je devois être
» aſſigné , je crus devoir différer juſqu'après ma dépo-
» ſition d'avoir l'honneur de vous rendre compte des
» faits qui y ſont énoncés ; je dépoſai jeudi dernier ,
» & de ſuite je m'empreſſai de me rendre à la ſalle
» du Club où j'appris qu'il n'y avoit point d'Aſſem-
» blée , je me flattois d'avoir l'honneur de m'y pré-
» ſenter aujourd'hui ; mais comme d'après vos règle-
» mens , on ne peut parler à l'Aſſemblée que par l'or-
» gane de ſon Préſident , j'oſe me flatter , Monſieur ,
» que vous voudrez bien agréer & faire agréer mes
» juſtes regrets ſur un événement malheureux auquel
» je ſuis entièrement étranger ; *j'y ai été d'autant*
» *plus ſenſible , qu'il pouvoit me compromettre au-*
» *près de ceux de mes Concitoyens les plus diſtin-*
» *gués par leurs lumières & leur patriotiſme , &*
» *dont je ne ceſſerai jamais d'ambitionner l'eſtime*
» *& la bienveillance.* J'ai l'honneur d'être avec
reſpect , Monſieur le Préſident , votre très-humble
& très-obéiſſant ſerviteur , Labaulme , *ſigné.* Niſmes
ce Dimanche 4 Juillet 1790.

N°. XIII.

LISTE des Personnes à administrer en témoins , en exécution de la Délibération du Conseil-Général de la Commune du 13 Mai 1790 , dont un Extrait est au pouvoir de M. le Procureur du Roi en la Sénéchaussée & Siége Présidial de Nismes , avec la dénonciation portée par ladite Délibération.

MESSIEURS

Lacoste le père , Négociant.
Henry Lacoste.
Lacoste le fils , Capitaine de la Légion.
Vampere , Greffier au bureau des hypothèques.
De Gueydon , Capitaine de Vaisseau.
Turion , Commis au Greffe.
Chabaud , Commis au Contrôle.
Castant , Officier de la Légion.
Melquion l'aîné , Négociant.
Celse , Négociant.
Charles le fils , Négociant.
Le P. Royer , Recteur du Séminaire.
Cœffé , Maître Serrurier , rue du Cyprès.
Marechal , Maître Perruquier.
De Salignac - Fenelon , Lieutenant de la Compa-

gnie de la Garlière , Régiment de Guyenne.

Lahaye Me. Perruquier.

Lahaye , neveu , Me. Perruquier.

Labry , Me. Sellier.

Les Demoiselles Magdelon Bouschet , Faiseuses de modes.

Rose Tellier , femme du sieur Fouquet , Peintre.

Françoise Bonijoly , Couturière de bas.

Par moi , Procureur de la Commune , soussigné, en exécution du mandat porté par la susdite Délibération , sans préjudice d'aditionner. A Nismes , ce 8 Juin 1790. VIDAL , *signé.*

L'An mil sept cent quatre-vingt-dix & le dixième jour du mois de Juin avant & après midi , par nous Pierre Gisquet , Huissier Audiencier au Présidial de Nismes y habitant , soussigné. Du mandement de M. le Procureur du Roi en la Sénéchaussée & Siége Présidial de Nismes où il a domicile en son Hôtel , assignation a été donnée au sieur Lacoste père , Négociant , parlant à lui-même ; à sieur Henry Lacoste , parlant à lui-même ; au sieur Lacoste fils , Capitaine de la Légion , parlant à lui-même ; à M. de Gueydon , Capitaine de Vaisseau , parlant à lui-même ; au sieur Vampere , Greffier au Bureau des hypothèques, parlant à lui-même ; au sieur Turion , Commis au Greffe , parlant à lui-même ; au sieur Chabaud , Commis au Contrôle , parlant à lui-même ; au sieur Castant , Officier de la Légion , parlant à lui-même ; au sieur Melquion l'aîné , Négociant , parlant à lui-même ; au sieur Celse , Négociant , parlant à lui-même ; au sieur Charles le fils , parlant à lui-même ; au R. P. Royer , Recteur du Séminaire , parlant à lui-même ; au sieur Cœffé ,

Maître Serrurier ; parlant à lui-même ; au fieur
Marechal , Maître Perruquier , parlant à lui-même ;
à M. de Salignac - Fenelon , Lieutenant de la Compagnie de la Garlière , Régiment de Guyenne , parlant à lui-même ; au fieur Lahaye, Me. Perruquier ,
parlant à lui-même ; au fieur Lahaye neveu , Me.
Perruquier, parlant à lui-même ; au fieur Labry ,
Me. Sellier , parlant à lui-même ; à la Demoifelle
Magdelon Boufchet , faifeufe de modes , parlant à
elle-même ; à Demoifelle Rofe Tellier , femme du
fieur Fouquet , Peintre , parlant à elle-même , &
à la Demoifelle Françoife Bonijoly , Couturière de
bas , parlant à elle-même , tous habitans de cette
Ville de Nifmes , à comparoir : favoir ; les fept premiers , cejourd'hui , heure de deux après midi ;
les fept fuivans, demain vendredi à la même heure ,
& les fept derniers famedi prochain à la fufdite
heure de deux pardevant & dans l'Hôtel , & pardevant M. Fajon , Lieutenant-Général-Criminel en
ladite Sénéchauffée & Siége Préfidial pour dépofer
vérité fur ce qu'ils feront interrogés , à peine de
l'amende de dix livres , fuivant l'Ordonnance , &
leur ai à chacun baillé copie , en parlant comme
devant , trouvés en domicile. En foi de ce Gifquet ,
figné.

N°. XIV.

VERBAL de quelques Officiers Munici-
paux, qui conſtate l'enlèvemeut des Dra-
peaux rouges, par les Légionnaires por-
tant des houppes rouges.

DU mardi 15 Juin 1790 : Nous , Ferrand Demiſſol & Pontier , Officiers Municipaux , inſtruits dans
la Maiſon-Commune , qu'il ſe formoit une émeute
au-devant de l'Evêché , Dimanche dernier ſur les
ſix heures du ſoir , nous nous y ſommes tranſportés ,
laiſſant M. l'abbé de Belmont , autre Officier Municipal , ſeul ; lequel auroit été contraint par les
Légionnaires de garde à proclamer la Loi Martiale
& à ſortir le Drapeau rouge ; ce qu'ayant fait , le
Drapeau lui avoit été enlevé par des Legionnaires
portant des poufs rouges , ainſi qu'il nous a été
dit ; & nous , Officiers Municipaux ſuſdits , ayant
auſſi été conduits à proclamer le même ſoir la
Loi Martiale , le ſecond Drapeau nous auroit encore été enlevé le long des remparts , auprès de
la porte des Carmes par les mêmes Légionnaires
retranchés ſur les remparts & dans la tour , ce
qui nous auroit conduits , le trouble augmentant ,
à faire faire deux autres Drapeaux rouges par le
ſieur Verdoin , Tapiſſier , le jour d'hier ; à conti-
nuer la proclamation de la Loi Martiale dans toutes les rues , & à placer l'un des Drapeaux neufs
ſur le balcon de la Maiſon-Commune ; de quoi nous

avons dreſſé procès-verbal, ce jourd'hui, & nous ſommes ſignés : *Ferrand Demiſſol, Pontier*, Offi-ciers Municipaux, *ſignés à l'Original.*

Nᵒ. XV.

N oᴍ s de la plupart des Officiers Catho-liques, qui ont ſigné le procès-verbal cité par la Municipalité de Niſmes.

MESSIEURS

Fʀᴀɴçᴏɪs Froment, Receveur du Chapitre, décrété de priſe de corps, réfugié à Turin.

Thomas Froment, décrété de priſe corps.

Froment, dit Tapage, leur frère aîné, accuſé d'avoir aſſaſſiné un Grenadier de Guienne le 3 Mai. 15 Témoins l'ayant dépoſé, & le Procureur du Roi a requis un décret au corps contre ledit Froment.

Pierre Froment, décrété de priſe de corps, tué dans les tours.

Deſcombiés, Notable, décrété de priſe de corps,

Vigne, décrété de priſe de corps, & mandé à la barre.

Michel, Conſeiller au Préſidial, mandé à la barre.

Pontier, fils d'un Officier Municipal.

Velut, mandé à la barre.

Genton, parent du Procureur de la Commune, & logé chez lui.

Folacher, décrété de priſe de corps, mandé à

la barre , & un des Agens du Camp de Jalés.

Lami , décrété de prise de corps.

Rigaud , Notable , Officier d'une Compagnie à pouf rouge.

Chavanier , Notable , *idem*.

Jauffret de Tacat , Beau-frère de M. Grelleau , Officier Municipal , Officier d'une Compagnie Catholique de la Banlieue.

Melquion aîné , Officier d'une Compagnie à pouf rouge , mandé à la barre.

Celfe Melquion & Louis Melquion , } frères du précédent.

Bofquier , Beau-frère de M. Laurens , Officier Municipal , Officier d'une Compagnie à pouf rouge.

Robin , mandé à la barre , Officier d'une Compagnie à pouf rouge.

Caftan , fils d'un Notable , Officier d'une Compagnie catholique de la Banlieue.

De la Reyranglade , mandé à la barre.

Il eft bon d'obferver que le 23 Mai la Municipalité nomma pour Adjoints aux procédures criminelles , le Préfident & la plupart des Commiffaires de la Délibération des Pénitens qui , à cette époque , étoient dénoncés de toute part , comme perturbateurs du repos public.

Peu de temps après , elle les nomma encore *Prud'hommes* , pour établir la répartition de l'impôt , connu en Languedoc fous le nom de *Compoix Cabalifte*.

On voit que la Municipalité n'a pas même cherché à déguifer les rapports intimes qui la lient avec des perfonnes que l'Affemblée Nationale a privé depuis , de leurs droits de Citoyens actifs.

Nº. XVI.

RÉSUMÉ succinct de la procédure résultant des informations.

DANS le mois de Décembre il y eut des Assemblées nocturnes chez un Curé, & dans l'Eglise des Pénitens Blancs, pour convenir des moyens à prendre pour former la Municipalité & en exclure les non-Catholiques (1).

Pour la nomination des Maire & Officiers Municipaux, il fut formé divers bureaux pour fabriquer des listes, chez MM. l'Abbé Cabanel, l'Abbé Lapierre & Michel, Conseiller. Les Curés de Bouillargues, Rodilhan & Courbessac, montèrent en Chaire pour exhorter leurs Paroissiens de se rendre à leurs Sections, pour déposer au scrutin les listes qui leur seroient remises : ce qui fut exécuté. Les listes furent distribuées à chaque Votant avec le prix de leurs journées ; les Curés de Courbessac, Rodilhan & Bouillargues l'ont eux-mêmes déposé ; ils font les 43, 44 & 90 Témoins de l'information sur la plainte par addition à celle du 10 Mai (2).

Froment, Capitaine d'une Compagnie, & Re-

---

(1) Témoins 61, 88 & 89 de l'information sur la plainte par addition à une du 10 Mai ; la 99e. déposition est celle de l'Abbé Rochemore.

(2) Témoins de ladite information 1, 2, 4, 5, 6, 7, 8, 9, 10, 11, 13, 15, 16, 17, 18, 19, 20, 21, 22, 27, 28, 29, 30, 41, 43, 44, 49, 50 69, 90, 91, 92.

ceveur du Chapitre, faifoit fabriquer des fourches, des hachés & des fabres dont le dos étoit une fcie ; les fourches furent arborées par cette Compagnie, le 28 Mars, jour de la preftation du ferment de la Municipalité (3).

Le lendemain 29 Mars, un attroupement fe forma pour pendre le fieur Allien, non - Catholique ; le Maire en ayant été informé de la part du Colonel de la Légion, qui lui faifoit offrir des troupes pour diffiper l'attroupement, il répondit qu'il n'en étoit pas néceffaire, *qu'on ne fe battroit point.* Cependant les Srs. Pourcher, Larnac & Ribes furent affaffinés ; la patrouille étant furvenue, & ayant arrêté l'un des attroupés, un Officier Municipal, le fit mettre en liberté (4).

Le 13 Avril la Municipalité fit un règlement au fujet de la Légion, lequel donna lieu à une Pétition du 16 ; le Procureur de la Commune dit alors publiquement, que ce règlement feroit foutenu, quand même la flamme feroit fous fes pieds (5).

L'Abbé Tempié, Notable, faifant une exhortation dans l'Eglife Cathédrale, difoit : que l'Epître du jour, annonçoit aux Catholiques, qu'ils devoient fe foutenir jufques à la dernière goutte de leur fang (6).

La Délibération des Pénitens du 20 Avril, préfentée à la Municipalité, alloit être autorifée par une adhéfion, fans les vives repréfentations de M. Vincens-Valz, Officier Municipal (7).

---

(3) Témoins, 142, 144, 154, 155, 161 & 162.

(4) Témoins, 1, 2, 3, 5, 7, 8, 11, 15 & 16 de l'information fur la plainte par addition à celle du 10 Mai.

(5) Témoins, 153, 161 & 167 de l'information fur la plainte par addition.

(6) Témoins 131, 132 & 133 de l'information par addition.

(7) Témoins 95, & 167 de l'information par addition.

M.

M. Chevalier, Procureur, ayant vu en Avril, chez Froment, quantité de fourches, d'habits, &c. & qu'il diftribuoit de l'argent ; il le dénonça par lettre à M. le Maire, en lui donnant avis que des ouvrages incendiaires s'imprimoient : la lettre fut par le Maire remife à Froment , qui dès-lors menaça M. Chevalier de le tuer (8).

Le 22 Avril, par une Délibération, la Municipalité attefta à la France entière, que la paix régnoit à Nifmes, qu'aucun écrit incendiaire n'avoit été diftribué, qu'en un mot, il n'éxiftoit aucune divifion.

La Cocarde blanche fut arborée par une partie de la Légion , ce qui ayant été dénoncé à la Municipalité par une Pétition du 27 Avril ; cette dénonce fut dédaignée : la Cocarde blanche ne fut pas improuvée par le Maire, qui reçut chez lui, le famedi premier Mai, des Légionnaires en Cocarde blanche, qui avoient planté un *Mai* à fa porte : il les invita à déjeûner chez lui le lendemain Dimanche. Pendant cette journée, ces divers Légionnaires , ayant fait la garde de la maifon du Maire , crient à plufieurs reprifes , tantôt *vive le Roi & la Croix , à bas les gorges noires , à bas la Nation ; tantôt , qui nous fera quitter la Cocarde blanche ? nous ne la quitterons que lorfqu'elle fera rougie du fang des Proteftans* ; & fur le foir ces mêmes Légionnaires attaquent des Proteftans & des foldats du Régiment de Guienne , paffant fucceffivement devant la maifon du Maire ; le nommé St. Louis, fon cocher, eft reconnu parmi ceux qui fe livrent à ces excès (9).

Le même jour, Dimanche , fur le foir , il fe forma un attroupement fur le Cours , compofé de

---

(8) Témoins 47 , 63 & 145 de ladite information.

(9) Témoins 18 , 78 , 80 , 81 , 83 & 84 de l'information fur la plainte du 10 Mai , 53 , 54 , 55 , 100 , 101 , 123 , 126 , 127 , 128 & 130 de celle fur la plainte par adition.

G

Légionnaires à Cocarde blanche ; les Légionnaires Patriotes & les Soldats de Guienne furent attaqués & bleſſés ; le Maire étant ſurvenu, fit arrêter le ſieur Fleury, qui avoit été excédé de coups, tandis que ceux qui formoient l'attroupement & qui étioent armés, furent admis par le Maire à l'eſcörter (10).

Le ſoir du même jour, le Maire réquit la Compagnie N°. 31, pour faire patrouille, cette Compagnie étant formée de Travailleurs en Cocardes blanches, les mêmes qui avoient planté le *Mai* & déjeûné chez le Maire (11).

Le lendemain, M. Deſcombiés, Notable, fit prêter ſerment à ſa Compagnie, d'être fidelles *au Roi & à la Croix*, ajoutant : *merde à la Nation* (12).

Le même jour, 3 Mai, il ſe forma un attroupement dans la maiſon Commune & ſur la place, compoſé de gens à Cocardes blanches ; le Procureur de la Commune, étant ſur le balcon, les Proteſtans & les Soldats de Guienne qui ſurvenoient étoient attaqués & mis dehors ; les attroupés criant : *vive le Roi & la Croix* ; à midi, on fit publier de fermer les portes & les boutiques (13).

Le même jour, après midi, un autre attroupement ſe forma à la rue du Collége. Le ſieur Agier, non-Catholique, ayant été pourſuivi, fut obligé de ſe réfugier chez M. Valadier, Avocat, qui fut néceſſité de le faire évader par le toit de ſa maiſon (14).

---

(10) 21 témoins dépoſés de l'attroupement ; les 64 & 75 ſur la plainte du 10 Mai, & les 98, 122 & 124 ſur l'adition dépoſent des faits qui concernent le Maire.

(11) Témoins 5 & 18 de l'information ſur la plainte du 10 Mai & les 64 & 160 ſur celle par adition.

(12) Témoins 34 & 35 ſur l'information du 10 Mai.

(13) Témoins 38, 60, 73, 74, 77 de l'information ſur la plainte du 10 Mai ; 58, 60, 62, 80, 86, 162, 167, 169 & 170 de celle par adition.

(14) Témoins 24, 47, 52 & 68 de l'information ſur la plainte du 10 Mai.

Le même jour, à six heures du soir, un autre attroupement se forma sur le Cours, les attroupés criant, & voulant forcer tous ceux qui se présentoient, à crier : *vive le Roi & la Croix*, *à bas la Nation* ; un Grenadier du Régiment de Guienne qui s'y refusa, fut tué d'un coup de fusil, tiré par l'un des Froment, surnommé Tapage (15).

A la même heure, un autre attroupement se forma sur la place des Récolets, voisine de la maison du Maire ; plusieurs non-Catholiques furent excédés ; il fut tiré des coups de fusils & de pistolets : le Maire & M. Descombiés, Notable, y survinrent ; l'un des attroupés leur disoit : *c'est nous qui vous avons fait*, *si vous ne nous rendez pas justice*, *c'est à nous que vous aurez à faire* ; à quoi le Maire répondoit : *mes amis, soyez tranquilles, retirez-vous, nous vous rendrons justice* (16).

Le lendemain 4 Mai, au matin, tandis qu'il n'existoit aucun attroupement, la loi Martiale fut publiée, & le soir du même jour, le Maire étant chez le Juge-Mage de Nismes, sur ce qu'on lui témoigna les craintes qu'on avoit eues pour lui, il dit : *si j'avois reçu la moindre égratignure*, 100 *des plus riches & des plus notables auroient été tués.* On lui observa, que dans une Guerre générale, il pouvoit en périr 1000, comme 2000, & il répliqua : *non*, 100 *des plus riches* (17).

Le District de Sommières ayant voulu former

____

(15) Témoins 3, 4, 7, 17, 21, 22, 26, 27, 29, 30, 41, 44, 45, 46, 50, 60 & 67 de l'information sur la plainte du 10 Mai.

(16) Témoins d'une information à la requête du sieur Arnassan, & encore les 11, 12, 111, 16, 17, 57, 96 de l'information du 10 Mai, & le 96 & 107 de celle par addition.

(17) Témoins 24, 15, 31 & 71 de l'information par adition ; témoin 137 de l'information par adition, & le 50 sur l'information des événemens du mois de Juin.

un Camp pour la fureté de l'Affemblée Electorale, la Municipalité s'y oppofa par une Délibération du 31 Mai.

Le 4 Juin, premier jour de la Séance de l'Affemblée Electorale, s'étant formé un attroupement de *Cébets*, à pouf rouge, au pourtour du Palais, la municipalité en ayant été prévenue, M. Ferrand Demiffol dit à ceux qui donnèrent l'avis, que cela ne les regardoit point (18).

Le 11 Juin, la Municipalité fit ceffer les patrouilles des Dragons, malgré qu'on dût à leurs foins la tranquillité publique. Le Verbal de l'Affemblée Electorale du 11 Juin en fait foi.

Le 13 Juin, les Officiers Municipaux ne fe portèrent à publier la loi Martiale que forcément, & après que plufieurs bons Citoyens eurent perdu la vie ; ils ne réquirent le Régiment de Guienne, qu'après les plus vives follicitations : leur Verbal du 15 Juin l'attefte.

N°. XVII.

EXTRAIT d'une Délibération prife le mardi 13 Juillet 1790 par le Corps Municipal.

M. Murjas a dit : MESSIEURS, Par votre Proclamation du jour d'hier vous avez invité tous les Citoyens de la Commune & tous les Français qui font actuellement en cette Ville, à fe rendre demain mercredi à midi précis fur la Place de l'Efplanade pour y prêter le ferment Civique & Fédératif.

J'ai cru que la preftation du ferment qui doit être fait en préfence de la Municipalité devoit être pré-

---

(18) Témoins 153 & 154 de l'information par adition.

cédé de l'expreſſion de nos ſentimens : Je remets mon diſcours ſur le bureau & je le ſoumets à votre Patriotiſme & à vos lumières.

M. Razoux a dit : M. Boyer, Subſtitut du Procureur de la Commune s'étoit fait une fête & un devoir de requérir la preſtation du ſerment de la Commune , & d'exprimer les ſentimens qui l'animent dans un diſcours qui précéde ſa réquiſition. Une indiſpoſition qui lui eſt ſurvenue met obſtacle à ſes deſirs. Il m'a remis ſon diſcours , il vous le ſoumet également & ſi vous l'approuvez , il ſe flatte que quelqu'un d'entre vous voudra bien lui prêter ſon organe.

M. Grelleau faiſant les fonctions de Procureur de la Commune entendu , lecture faite des diſcours de MM. Murjas & Boyer, le Corps Municipal a déclaré unanimement qu'il ne peut que louer & approuver *le zèle & le Patriotiſme* qu'ils renferment , & que *les ſentimens qui y ſont exprimés ſont communs à tous les membres de la Municipalité* ; il a en conſéquence prié M. Grelleau , faiſant les fonctions de Procureur de la Commune , de faire la lecture du diſcours de M. Boyer en requérant la preſtation du ſerment : il a été délibéré que les deux diſcours ſeront *tranſcrits ſur le regiſtre & imprimés* ; il a été déterminé au ſurplus que *tous les Officiers Municipaux* ſe rendront demain dans la maiſon Commune à onze heures préciſes du matin , pour aller en Corps ſur la place de l'Eſplanade , & aſſiſter à l'auguſte cérémonie qui a pour objet la réunion de tous les cœurs & de tous les ſentimens.

Suivent les deux diſcours dont nous avons cité un fragment , & ſont enſuite ſignés MM. *Murjas* , *Duroure* , *Razoux* , *Fornier* , *Ferrand-de-Miſſol* , *Grelleau* , *Pontier* , Lieutier , Laporte & Gas.

On a mis en lettres italiques les noms des ſix

Officiers Municipaux qui tous ont signé la délibération *patriotique*, & peu après le mémoire *incendiaire* de M. Boyer.

Nº. XVIII.

Nota. On se rappellera que les Officiers Municipaux citent
à plusieurs reprises dans leur Mémoire, un Verbal sur lequel
ils fondent leurs allégations. On verra par l'extrait du Verbal
ci-dessous, qu'ils se sont refusé à donner connoissance de
cette pièce, & qu'il paroît même qu'elle n'existe pas au
Greffe de la Municipalité.

EXTRAIT du Verbal.

L'AN 1790 & le 13 jour du mois d'Octobre,
heure de 8 du matin, pardevant nous Marc-Antoine
Darlhac, Notaire de Nismes soussigné, & en présence
des témoins ci-après nommés, s'est présenté dans
notre étude sieur Jean Pons, bourgeois, citoyen actif
dudit Nismes, qui nous a dit qu'en vertu de l'article cinquante-neuf du décret de l'Assemblée Nationale, pour la Constitution des Municipalités, sanc-
tionné par le Roi le 18 Décembre 1789, il se pré-
senta le jour d'hier, devers le Greffe de la Municipalité de Nismes, pour prendre communication sans
déplacer des verbaux annoncés comme pièces justificatives, dans une adresse présentée à l'Assemblée
Nationale au nom des Officiers Municipaux de cette
Ville & par eux avouée suivant une délibération du
3 de ce mois, &c.

Nousdit Notaire nous sommes transporté avec
lui & les témoins, devers le Greffe de la maison
Commune, où étant, ayant la présence du sieur
Berdincq secrétaire-Greffier, ledit sieur Pons l'a requis de lui donner communication sans déplacer des
verbaux annoncés comme pièces justificatives dans
une adresse de la Municipalité, ledit sieur Berdincq

a perfifté à déclarer que lefdits verbaux ne font pas en fon pouvoir ni dans le Greffe de la Municipalité, & a annoncé prévenir de ladite requifition M. Ferrand-de-Miffol, Officier Municipal, par la voie du fieur Brunel, Commis au Greffe, & a ledit fieur Berdincq figné. Berdincq figné. Et à l'inftant ledit fieur Brunel revenu, a rapporté que M. Ferrand-de-Miffol l'a chargé de dire au dit fieur Berdincq qu'il eût à répondre, qu'il donneroit connoiffance de ladite requifition au Corps Municipal, de laquelle reponfe il nous a donné communication; fur quoi ledit fieur Pons a dit que les verbaux dont s'agit n'ont pas pu être fouftraits du Greffe fans un abus d'autorité de la part de celui qui a fait la fouftraction, perfiftant dans fa réquifition fondée fur l'article 59 ci-devant cité; proteftant en cas de nouveaux refus de fe pourvoir pardevant qui de droit, pour obtenir ladite vifion, & de répéter les frais que le refus fait le jour d'hier, & réitéré cejourd'hui a occafionné & occafionnera: de tout quoi noufdit Notaire avons dreffé le préfent procès-verbal, cloturé & lu dans l'un des bureaux du Greffe de la Municipalité, en préfence de M. Blanc-Pafcal & M. Louis Mazelet Négociant, habitans à Nifmes, fignés avec ledit fieur Pons & lefdits fieurs Berdincq & Brunel, de ce requis, & nous Notaire. Jean Pons, Berdincq, Brunel, Blanc-Pafcal, Louis Mazelet, M. Darlhac, Notaire, fignés à l'original. Contrôlé à Nifmes. Reçu 15 fols. Vifa 10 fols. Solier *figné.* Collationné Me. Darlhac, Notaire, *figné.*

Le temps que l'impreffion des pièces juftificatives a pris, nous permet de parler d'un fervice folennel que la Garde Nationale a fait célébrer aujourd'hui, 20 Octobre, fur la place de l'Efplanade, pour les Gardes Nationales de Metz, Toul & Pont à Mouf-fon, qui ont péri fous les murs de Nancy. Les Cu-

rés, les Ordres religieux, le Directoire du Département, celui du district, les Juges nouvellement élus, le régiment de la Marine, les Dragons de Lorraine, l'Etat-Major de la Place, la Maréchaussée, toute la Garde Nationale & une foule de Citoyens y ont assisté. Cette cérémonie, dont l'objet est sublime, est devenue imposante par le silence qui y a régné, par la noble simplicité du service, le recueillement religieux des assistans, & la réunion d'un si grand nombre de Citoyens qui annonce l'expression d'un même sentiment.

Par le Club des Amis de la Constitution.

F. AUBRY, Président. BLANC-PASCAL; GERMAIN; CASTANET; NOGUIER le fils, Secrétaires.

ERRATA.

Lisez à la page 25, ligne 13, quatre cent personnes au lieu de cent.

Dans le Tableau des contributions de la Municipalité, sous le N°. III. des pièces justificatives, MM. Deleuze & Castinel, Notables, ne sont compris pour aucune somme, parce qu'on n'a pu se procurer ni la cote de leurs impositions, ni celle de leurs contributions patriotiques.

A NISMES,

De l'Imprimerie de PIERRE BEAUME. 1790.